割安成長株で2億円 実践テクニック100

同事都不知道，
我早就財務自由了

FIRE

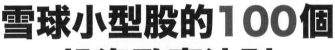

雪球小型股的100個
投資致富法則

貳億貯男／著　賴惠鈴／譯

STEP2 >>> 一輩子不為錢煩惱的投資祕訣

CONTENTS

STEP3 >>> 股票投資必勝的思考術

STEP4 >>> 助你達成財務自由的投資心法

獻給上班族的股票翻身術

　　各位好，我是貳億貯男，現在 47 歲，是一位任職於某企業的上班族。

　　2002 年 10 月，當時我 27 歲，進公司第三年，在對股票一無所知的狀態開始從事投資。原因很簡單：當時工作實在太辛苦了，我沒有自信能一直拚到退休。

　　在那之前，我從未從事過任何投資。但我為自己訂下遠大的目標，立志要在年滿 45 歲的 2020 年以前，透過投資股票賺到當時上班族一輩子的薪水，也就是 2 億日圓。

　　於是我持續投資股票，到了 2019 年，我在 43 歲時即賺到 2 億資產，比我當初的計畫還早 1 年。起初我打算實踐現在最流行的 FIRE（財務自由，提早退休），但我至今仍繼續上班，以 3 億、5 億資產為目標，繼續投資股票。

　　這個時代已經無法指望勞保退休金了。可以開始請領退休金的年齡

下限越調越高，再這樣下去，就算年金縮水也不奇怪。我認為「退休金必須靠自己準備」已經成為一種常識。因此我想與大家分享增加資產的方法，降低投資股票的門檻，希望能幫助更多人順利累積資產，這是我寫下本書的動機。

本書由兩頁構成一篇，全書共一百篇。本書所傳授的投資祕訣，主要分成四大步驟，跟著每一個步驟循序漸進，內容將逐漸從初級深入為中、高階。話雖如此，由於每篇內容各自獨立，各位也不妨從自己感興趣的章節開始輕鬆看起。

本書將反覆出現幾個關鍵字，例如「本益比」「賠少賺多」「現金購買力」等。這種時候，還請各位讀者理解「作者認為這一點很重要，才會不厭其煩地強調」。

本書滿載了我在前作《從 10 萬日圓開始做投資！靠雪球小型股暴賺 2 億日圓》（暫譯，10 万円から始める！割安成長株で 2 億円）裡沒有提到，更具體且更有實踐性的做法。閱讀本書時，如果也能搭配前作一起閱讀，相信能幫助各位更加深入理解這套獲利方法。

靠投資股票成為「億萬富翁」絕非難事，這是我透過自己投資股票的經驗得到的心得。如果各位能參考本書的方法，不再一味仰賴一份死薪水或退休金，而是以財務自由為目標不斷前行，這將是我身為作者，至高無上的光榮。

低風險致富投資法

TECHNIQUE

想靠投資股票增加資產，中長期投資是最好的方法！

我在 2002 年開始投資股票，到了 2019 年就坐擁 2 億日圓的資產。

這段過程中，我也曾經出現虧損，但我會從中記取教訓，活用於下一次投資；一旦成功，則繼續遵循成功的手法。如此一來，我的交易模式就像齒輪般穩定地運作，投資股票讓我順利賺了大錢。

經過各式各樣的摸索，我最後找到的最佳獲利方法是「鎖定雪球小型股，進行中長期投資」。

各位如果想靠投資股票賺進上億資產，基本上都得跟我一樣，花時間慢慢累積。正因如此，中長期投資會是理想的選擇。

上班族都有正職工作，只能利用工作空檔做投資，無法像全職投資人那樣從早到晚盯盤，更不可能持續進行「當沖」或「波段操作」等短期買賣。

當沖交易需要在一天內完成，波段操作也必須在短期內完成。別說是上班族了，除非你是對股票投資非常有一套的專業投資人，否則都不適合從事短期投資。

相較之下，中長期投資不需要在短暫的週期內進行頻繁買賣，而是透過時間的幫助，在幾個月至幾年內穩定增加資產。

只有熟知技術分析的專業投資者，或是擁有投資天分的人，才能在短期操作中持續獲利；相反地，只要對投資股票有興趣，任何人都能加入中長期投資的行列，而且根據大數據分析的結果，我個人認為這是成功率更高的方法。

剛開始投資股票的時候，我們往往只要賺到一點蠅頭小利就得意忘形、覺得投資是件開心的事，也因此更頻繁交易。然而，一旦太過於沉迷，陷入買了就賣、賣了又買的循環，你將會發現資金慢慢地減少了——我一開始也犯過這種錯。有鑑於自己的失敗教訓，我誠心建議各位採用中長期投資。

STEP
1

STEP
2

STEP
3

STEP
4

TECHNIQUE

2/100

雪球小型股怎麼挑？
看本益比就對了！

「雪球小型股」是我從事中長期投資的標的。

所謂成長股，是指「企業的營收或獲利等業績表現具有成長性，且今後還會繼續成長」的個股。

即使都是成長股，但如果股價已經墊高，繼續上漲的成長空間將較為有限，即使中長期持有，也難以期待會有大幅獲利。所以即使都是成長股，也要鎖定股價還很便宜的成長股。這就是「雪球小型股」。

所謂低價股（價值型股票）並非單指「便宜的股票」，而是指業績或資產的評等太低，導致股價變得比原本價值更便宜的股票。

有幾個指標可以用來判斷股價夠不夠便宜，我是用投資人通常都很熟悉的「本益比」（PER）來判斷。

本益比是用來計算，股價相當於該公司當年內（本期）賺進的「淨

利」的倍數的指標，公式如下。

本益比（倍）＝股票市值（目前的股價 × 總發行股數）÷ 本期淨利

也有人用「本益比（倍）＝目前的股價 ÷ 每股盈餘」來計算，但無論使用哪種公式，判斷標準都一樣：「本益比越低，股價越便宜」。

至於本益比多少算便宜，則依照個股特性及產業類別、股票市場的走勢而異。

上市公司的本益比平均約為 15 倍左右，因此以前認為本益比低於 10 倍以下就是低價股。但是自從 2012 年的安倍經濟學行情以來，受到股票市場一直處於上漲趨勢的影響，投資人不得不降低上述標準，把低價股的基準調整為「本益比 20 倍以下」。我個人是以本益比 15 倍以下（盡可能抓 10 倍以下）為低價股的標準。

TECHNIQUE 3/100

傻傻跟風，休想賺到錢

曾經有人在我部落格的留言提問：「我現在想買股票，有什麼推薦的個股嗎？」很可惜，誰也無法預測未來的股價，我無法為各位的投資負責，所以當然無法回答這道問題。

投資股票要自行思考、自負其責。說起來簡單，但其實很多人喜歡「無腦投資」：看到其他投資人在社群媒體或財經雜誌上推薦的個股，就照單全收；懶得自己做功課，只會傻傻地跟風買進。

我非常堅持一項原則，那就是絕不在沒做好功課的前提下，貿然買進別人推薦的股票。

投資股票時，「買進時機」遠比「買進哪檔個股」更重要。即使有樣學樣地買進別人賺到錢的個股，如果買在股價已經漲過一波的時機，那麼別說獲利了，可能還會賠錢。

投資人買進股票後，經常還得做出許多判斷。例如隨著股價變動，

什麼時候要停損或停利等等。這些層出不窮的股市狀況題，都需要你在有限的時間內做出最佳判斷，而其他投資人或財經雜誌不可能手把手教你該怎麼做——或許投資顧問會願意這麼做，但相對地，你也得支付一筆昂貴的顧問費。

再說，一味依賴別人的判斷投資股票，無論經過多少時間，都無法累積為自身的經驗，自然也永遠擺脫不了股市小白的魔咒。身為投資人，終究還是得靠自己的腦袋思考：審慎挑選個股；判斷買賣時機；歸納出一套屬於自己的獨門心法。

不過，你當然可以適時參考其他投資人或財經雜誌推薦的個股，並加上自己的分析，抓住機會買進。我自己也會這麼做。

STEP 1

STEP 2

STEP 3

STEP 4

TECHNIQUE

4 / 100

五大重點，幫你找出真正能獲利的雪球小型股

曾有一位散戶投資人問我：「要採用什麼樣的過濾標準，才能從雪球小型股中，找出真正會賺錢的個股呢？」

我的答案是：請檢查以下五個重點。

①近二至三年的本期預估損益，都呈現收益持續增加的趨勢

②殖利率達 3% 以上

③配發率保證有 30% 以上

④有經常性收入的企業

⑤本益比 15 倍以下（盡可能抓 10 倍以下）

①是判斷這檔股票是否為成長股的重點，只要上網搜尋「公司名稱」「業績變化」，就能看出是否具有收益持續增加的趨勢。

②的「殖利率」則是用每 1 股的全年股利金額，除以現在的股價（買進時的價格）來計算。只要上網搜尋「公司名稱」「殖利率」，就能得知結果。

③的「配發率」，則是指公司會從淨利中拿百分之幾來配發股利。若達到30%以上，只要收益持續增加的趨勢保持不變，配息就會增加，有助於支撐股價。只要上網搜尋「公司名稱」「配發率」，也同樣能取得相關資訊。

④的「有經常性收入的企業」，則是指那些只要簽約，就能長期有穩定收入挹注的企業，例如網路、手機、電、瓦斯等。這種企業比較容易預測將來的業績，能放心進行中長期投資。

⑤的本益比，是判斷股價是否便宜的最常見指標。我的判斷標準是本益比 15 倍以下（盡可能抓 10 倍以下），相關資訊也可以透過搜尋「公司名稱」「本益比」來取得。

這五個條件不用全部滿足，但只要滿足三項以上，就可以列入中長期持有個股的觀察名單裡。

TECHNIQUE

5 / 100

先決定目標資產額，
再算出投資報酬率

　　我開始投資 1 年後，大約從 2003 年 8 月起，養成了記錄交易成績的習慣。當時我立下目標，要累積到 2 億日圓的股票資產，並將目標的實現期限設定為 2020 年；將投資報酬率設定為年化報酬率 30%。

　　為什麼要將目標設定為 2 億日圓呢？因為當時上班族一輩子可以賺到的薪資收入，正是 2 億日圓。只要將其中 1 億日圓用來買進殖利率 4%的個股，那麼姑且先不計算所得稅，每年可得到的股息就高達 400 萬日圓的股息（股利收入），這筆被動收入相當於上班族的平均年薪，這麼一來就能提早退休了。接下來，再從剩下的 1 億日圓中，拿出一半的5000 萬日圓，投資那些有機會賺價差（資本利得）的股票，另一半的5000 萬日圓則放在定存，以備不時之需。

　　我認為之所以能達成這麼遠大的目標，其中一個原因就在於先訂下了具體的「目標金額」。決定好「投資本金」「目標金額」「達成期限」後，就能倒推出需要的「投資報酬率」。

　　現在回想起來，「年化報酬率30%」的目標其實是相當高的門檻，但是在我投資生涯的前半段即已達成30%的投資報酬率；後半段的投資表現雖然漸趨穩定，但平均下來也有30%的年化投資報酬率，所以資產在2019年就達到2億日圓的目標。

　　如果要投資股票，不妨用投資本金、目標金額、達成期限，計算一下投資報酬率。網路上已有許多試算投資報酬率的工具服務，不妨多加參考。

　　各位若希望創造出每個月30%的獲利，應該都會想趕快落袋為安，所以最好從「一整年的總報酬率為30%獲利」的角度為出發點，思考自己的交易策略。

　　就算一年只產生15%的獲利，也務必要以年為單位，來告誡自己：「反正還有未實現獲利，明年或後年再努力完成年化報酬率30%的目標！」

TECHNIQUE

靠股票穩穩賺的
五個必辦事項

　　各位會選擇翻開本書，應該都是因為想快點知道，如何迅速建立股票資產。為此，我整理了以下五個重點，全都是相當基本、卻也非常重要的觀念。

必辦事項①：寫下交易紀錄

　　賣掉持股的時候，記得要寫下交易紀錄。這項行為，可以讓你更清楚看見在投資中犯下的每一個錯誤，例如「是否只賺到一點蠅頭小利就過早停利」「每次停損的金額過高」等。長此以往，將有助於提升投資的技巧。

必辦事項②：停損要果斷

　　保有帳面虧損的股票，不僅會讓人情緒低落，還會影響到工作，這是因為帳面虧損可能會持續擴大。所以，請各位務必毫不猶豫地選擇停損，徹底根除含有大量未實現損失的「套牢股票」。停損之後，你的心

情會非常暢快，而且損失也到此為止，不會再繼續虧損下去。

必辦事項③：從失敗中學到教訓

投資，其實是不斷失敗的過程。但即使失敗也沒關係，因為這正是通往「億萬富翁」的必經之路。只要能從失敗中學到教訓，提醒自己不要再犯同樣的錯誤，就能增加經驗值，還能提升操作績效。請記住，「失敗，是身經百戰的象徵」，失敗後的重點就在於不要一蹶不振，而是要從失敗中學到教訓。

必辦事項④：投資便宜的個股，而非熱門的個股

熱門個股或知名度較高的個股，股價通常都很高；乏人問津且知名度較低的股票中，通常可以挖出股價較便宜的潛力股──這才是你應該投資的標的。

必辦事項⑤：用閒置資金投資股票

這句話想必各位已經聽膩了，但這點非常重要。所謂閒置資金，是指「就算不幸全部賠光，也不會影響到生活」的錢。剛開始投資的時候，心情很容易隨每天的股價波動七上八下，只要運用閒置資金，就不至於太過擔心。

STEP 1

STEP 2

STEP 3

STEP 4

TECHNIQUE

7 / 100

想靠股票穩穩賺，
這五件事不能做

為了幫助各位順利建立股票資產，以下也簡單整理了五個應該避免的重點事項。

禁忌事項①：一味模仿別人

看到與投資股票有關的部落格或推特、財經雜誌時，可能會發現充滿吸引力的推薦個股或投資心法。參考這些推薦個股或投資心法也不錯，但絕不能什麼都不想地直接有樣學樣。請篩選適合自己的個股及手法，冷靜地操作。

禁忌事項②：停利後馬上又再買股票

停利後，現金購買力也隨之增加。這時候，自然就會想用那筆資金買進新的個股，但那個時間點不見得是買進鎖定個股的最佳時機。請不要心急，慢慢地尋找購買時機。

禁忌事項③：股價還沒來到便宜的水準，就硬是勉強買進

我自己就曾犯過好幾次這樣的錯：因為心急而勉強買下股票，最後發現「買貴了」。如果想買的個股股價已經漲過一波，請冷靜下來，懂得收手也很重要。

禁忌事項④：亂槍打鳥

投資股票從當沖到中長期投資，具有各式各樣的手法。如果什麼方法都想試，就永遠無從菜鳥的身分畢業。長期下來也無法增加資產，最好專心研究一種手法，磨練自己的投資技術。

禁忌事項⑤：從事信用交易

善用信用交易，可以在短期間內讓股票資產翻好幾倍；但是假如失手，也具有讓資產歸零的風險。各位身為上班族，每天的開銷都可以靠薪資收入支應，所以與其夢想一夜致富，不如採取只用現金交易股票的「現股操作」，放長線釣大魚地增加資產，這也很重要。

TECHNIQUE

8/100

挑選個股的重點：
本益比＋營收

　　剛開始投資股票的時候，往往會因為不曉得該買哪檔股票才好，而一味關注身邊每個人都聽過的知名個股。但如果只投資自己知道的個股，等於是限制了自己的投資標的。因此，我建議初入市場的股市小白，一定要善用本益比（PER）。

　　我開始投資雪球小型股的 2 年後，在挑選個股時，漸漸越來越重視本益比。利用開設證券戶頭的網路券商提供的篩選功能，過濾出「本益比 15 倍以下」「本益比 20 倍以下」的個股，再用券商提供的「公司財報」或企業的「投資人關係」等，仔細檢查挑選出來的個股。我會用第 18 頁的五大重點，檢查個股是否具有成長性；如果判斷具有潛力，那麼就算是自己沒聽過的個股，也會積極地投資。

　　用本益比挑選個股時，要注意一件事，那就是本益比的平均值依產業而異。用本益比 15 倍以下的基準來篩選個股時，某些產業中的幾乎所有個股都會雀屏中選，例如在化學、機械、不動產業界，就有很多平

均本益比在 10 倍以下的個股。若是這類的產業,請上網用「本益比」「化學」等關鍵字搜尋,檢查該產業的本益比排行榜,找出便宜的個股。

不過,如果光用本益比篩選,會篩出太多個股,需要再進一步過濾,這時最常加上的條件就是「營收」。倘若每一期的營收都能增加10%以上,或許就具有高度的成長性。

之所以不用淨利而改用營收為指標,是因為除了本業,賣出不動產的收入也可以為淨利灌水,非經常性損失則會導致淨利縮水,導致淨利的變動相當劇烈,篩選不出真正便宜的個股。除此之外,如果還符合殖利率 3%以上的條件,可以視為非常有潛力的個股。

STEP 1

STEP 2

STEP 3

STEP 4

TECHNIQUE

9/100

用最初的資金決勝負，不要輕易追加本金

　　使用閒置資金進行交易，保有「就算賠光也不至於影響生活」的餘裕，是投資股票的大前提。如果是收入穩定的上班族，要存下用於投資股票的閒置資金，應該不是太困難的事。

　　我自己在進公司第 3 年，也就是 27 歲時，便以 100 萬日圓的閒置資金開始投資股票。雖然我答應當時的女朋友（現在的老婆），這是我全部用來投資股票的本錢，沒想到後來竟大賠一筆，於是我瞞著她又追加 150 萬日圓的資金。100 萬日圓加上 150 萬日圓——這筆 250 萬日圓，是我投入股市的第一筆資金。

　　從此以後，即使有了閒置資金，我也不再對證券戶頭投錢，只用賣掉股票的獲利進行再投資。僅靠 250 萬日圓的本錢，就建立起 2 億日圓的股票資產。

　　本金越大，可以選擇的股票也越多。如果各位現在已經有充裕的閒

置資金，不妨跟我一樣，投入 100 萬～ 250 萬日圓。如果沒有這麼多的閒置資金，請每個月投一點錢到證券戶頭。

重點是，就算有更多的閒置資金，也不要輕易地追加資金。如果每次賠錢就投入資金去填補缺口，很容易變成一筆糊塗帳，搞不清楚到底是賺錢還是賠錢。萬一失敗，也很可能無法提升經驗值。

一旦腦海中產生「就算虧損，也能用公司獎金補救」這種得過且過的念頭，挑選個股的標準可能會變得寬鬆。下定決心「絕不追加本金」，切斷自己的後路，才有助於加速散戶投資人的成長。

若能堅持只用投資獲利進行再投資的話，還能把閒置資金用於日常生活，讓生活過得更好。如果為了省錢來投資股票，而成天過著節儉匱乏的生活，我覺得也沒有什麼意思。

TECHNIQUE

10/100

利用證券戶頭做投資紀錄

我剛開始投資股票的時候，很容易動不動就獲利了結。雖然也會停損，但停利的次數比停損多太多了，因此很容易陷入「我是不是賺了很多錢」的迷思。

然而實際上正好相反。我還記得當自己發現虧損的金額太高，導致大幅侵蝕投資本金時，真的嚇了一跳。

基於這樣的失敗經驗，在我開始投資股票大約 1 年後，從 2003 年 8 月左右開始做投資紀錄，直到現在也還保持這個習慣。

如欲建立起龐大的股票資產，重點在於立定具體的目標；如果不留下紀錄，就無從知曉自己是否離目標更近一步。

以下是我做投資紀錄的方法。

SBI 證券是我主要使用的證券戶頭。只要登入網站，點進「管理帳

戶」→「交易紀錄」→「交易損益明細」，就能看到 1 個月內的交易損益[1]。

我會將 1 個月內的損益金額合計，視為那個月的投資績效，並用 Excel 記錄下來。從 2003 年開始，我的 Excel 表單每個月都會新增 1 列的損益，從 A 列到 Z 列，現在已經累積到 HF 列了。

除此之外，我每年還會再做一件事，亦即每年年底從「交易損益明細」中，抓出以 1 年為範圍的資料，留下每檔個股的損益紀錄。

各位或許不需要做得像我這麼詳細，但是切記要以具體形式，把投資成績記錄下來，才能客觀地掌握自己到底賺了多少錢、賠了多少錢。

這麼一來，就能掌握到哪裡該怎麼改變，才能讓自己的股票投資更有效率。

1　編註：此為日本 SBI 證券介面流程，台股投資人可依據自己的帳戶，自行查閱證券公司網站的交易紀錄。

TECHNIQUE

重點在於買賣時機，
而非勝率

剛開始投資的時候，我內心有過以下的想法。

「買進某檔股票，意味著股價不是上漲就是下跌——就只有這兩種選項。所以股價上漲的機率（勝率）為 50%。因此只要鎖定績優股，不要購買太貴的個股，就能讓勝率高於 50% 以上。這可是利用投資股票賺錢的重點！」

不過，在我累積更多投資經驗後，現在再回頭看，就會發現當時的想法實在太天真了……

因為我已經領悟到，投資的重點在於買賣時機，而非勝率。

假設持有一段時間的個股，因為股價下跌而停損的次數共三次；因為股價上漲而停利的次數共七次，勝率為 70%，那麼各位可能會以為，既然有 70% 的勝率，肯定有賺到錢吧？

但根據停損的金額及停利的金額，有時結果可能正好相反。

舉例來說，即使停損的次數只有三次，但虧損金額可能高達 100 萬日圓；或是即使停利的次數高達七次，獲利的金額卻只有 80 萬日圓。如此一來，**虧損金額 100 萬日圓＋獲利金額 80 萬日圓＝倒賠 20 萬日圓**，不僅沒有賺到錢，反而蒙受 20 萬日圓的損失。

反過來說，就算停損七次、停利三次，勝率只有 30％，還是有可能依照兩者的金額大小產生獲利。例如假設停損的金額共為 80 萬日圓，停利的金額共為 100 萬日圓，那麼**虧損金額 80 萬日圓＋獲利金額 100 萬日圓＝淨賺 20 萬日圓**，等於得到 20 萬日圓的利益。

為了靠投資股票賺錢、增加財富，請務必以「賠少賺多」為目標，也就是將停損的金額控制在最小範圍內、力求停利金額最大化。因此**投資的基本原則，就是果斷停損、謹慎停利。**

STEP 1

STEP 2

STEP 3

STEP 4

TECHNIQUE
12/100

勇敢在社群媒體
宣告目標獲利金額吧！

　　各位在決定好投資股票的目標金額後，不妨在社群網站大方宣布。這個小小的行動，能活用心理學上所謂的「宣言效應」。

　　宣言效應的概念是「向別人宣示自己的目標，有助於達成目標」。因為如果說了卻做不到會很糗，所以我們會更認真地面對挑戰，就結果而言，能提高達成目標的機率。

　　聽說如果要減肥，只要向身邊的人宣布：「我要在夏天前減掉 5 公斤！」就能更順利戰勝甜點的誘惑，提高減肥成功的可能性。換成學英文也一樣，揚言「今年多益一定要考到 800 分！」將有助於專心學習。

　　同理可證，我認為宣言效應也適用於投資股票。在此之前，我連「宣言效應」這個名詞都沒聽過，但即使沒有意識到這個心理學理論，我確實覺得自己從中得到不少幫助。

　　開始投資股票沒多久的 2003 年前後，我先後在個人的交易日記，

以及公開的部落格中，提出目標數字：「我要靠投資股票，達到年化報酬率 30% 以上的操作績效，在 2020 年擁有 2 億日圓的股票資產！」

現在回頭看，我認為宣布 2 億日圓這個目標金額，能帶給自己適度的壓力，維持朝目標持續投資股票的動力。

我認為，我的股票資產得以比預定計畫還早 1 年超過 2 億日圓，宣言效應發揮了不小的功勞。

2019 年，資產超過 2 億日圓的門檻時，我又宣布：「要靠投資股票達到年化報酬率 10% 以上的操作績效，在 2024 年擁有 3 億日圓、2029 年擁有 5 億日圓資產！」今後也要繼續借助宣言效應的威力，利用投資股票來增加資產。

TECHNIQUE

用 IPO 二次投資，選股更輕鬆

在投資雪球小型股中，我個人偏好的方法是鎖定 IPO（首次公開發行）個股的「IPO 二次投資法」，具體來說，就是等股票上市了幾個月、沒那麼熱門後，股價跌到便宜的水準再買進。

之所以選擇這樣的投資法，無非是因為不用花太多時間與勞力挑選個股，也很容易找到前景看好的個股。

要從日本股市多達 3800 家上市公司中，找出雪球小型股，可說是有如大海撈針的作業。即使活用各種網路搜尋引擎的篩選功能，也很花時間。近年來，日股每年會產生 90 檔左右的 IPO 個股（首次公開發行股票的公司），比較容易找到 IPO 二次投資的標的。

話說回來，大部分 IPO 個股上市時都會發表成長策略。除了公開說明書，以及與成長可能性有關的說明資料以外，各位也能透過各家公司董事長的訪談資料作為參考，從中挑選具有成長性的個股，再利用本

益比等指標，判斷股價是否夠便宜，在低價的時機買進。

IPO 個股首重成長，通常一時半刻不會配息，因此 IPO 二次投資最好先捨棄殖利率 3%以上的條件。

至於買進的時機，IPO 個股上市第一天的股價（開盤價）通常會比事前公布的價格還高，因此我不會以開盤價買進。IPO 個股的開盤價是絕佳賣點，但多半不是最好的買點。

投資 IPO 個股有一點必須要注意的地方，那就是上市後業績立刻向下修正的「上市即巔峰個股」。如果要進行 IPO 二次投資，也應該避免在高點買進上市即巔峰的個股。另外，正因為買進股票的理由是「期待業績成長」，所以如果出現不如預期的利空消息，一定要毫不猶豫地停損。

TECHNIQUE

14/100

中長期投資的目標為 3 年
——誰知道10年後會怎樣？

美國大型金融服務公司——富達投信，從 2003 年到 2013 年這 10 年對顧客進行調查。結果發現，操作績效最好的是「已經死掉的人」，再來是「忘了自己有在投資的人」。這則有趣的冷知識，足以顯示中長期投資的優勢。

提到中長期投資，各位或許會直接聯想到長達 10 年或 20 年的投資。我雖然很擅長中長期投資，但最長也不會超過 3 年。

就如同富達投信的調查結果，如果我們一直持股到死後，那麼股價或許總有一天會上漲、投資總有一天會獲利，但是錢看得到、用不到也是枉然。

再說，就連最新的 AI（人工智慧）科技，也無法預測所投資的企業 10 年後、20 年後的業績和股價走勢。舉例來說，一旦發生像新冠疫情那樣的重大事件，國際社會將遭遇到意想不到的天翻地覆，公司業績

也會產生劇烈的變化，就算公司倒閉、股價歸零也不奇怪。

2007 年，股價一度超過 4000 日圓的東京電力控股集團，在 4 年後遇上 311 福島核災，股價重挫到 200 日圓大關。即使在 10 年後的 2021 年（8 月 4 日收盤價），股價仍然只有 200 日圓左右。

投資股票，應該著眼於稍微還能預測走勢的 3 年後，而不是 10 年後的遙遠未來。如果時間安排在 3 年後，各位多少能從「投資人關係」等資訊來預測業績走向，也較容易發揮自己的想像力進行預測。

我個人長期持有的個股中，就算能夠想像 10 年後、20 年後的發展，也絕對不會買進後就放著不管，而是會隨時針對 3 年後的業績進行檢討、分析。

TECHNIQUE

股價下跌時，該果斷停損還是繼續持有？

我沒有設定「股價跌了○％就要停損」「股價漲了△％就要停利」這種機械化的判斷標準。當然，我自己還是有一套標準，但都是根據過去的投資經驗，並對照當時市場的風向，針對每檔個股進行一對一的買賣判斷。

你手上持有的個股，當初一定都有買進的原因。倘若出現破壞這項前提的利空消息（業績向下修正），請務必毫不猶豫地賣掉停損。對於已經無法想像還會上漲的個股，如果還抱持著不切實際的幻想，認為「股價遲早會漲回來」而捨不得停損的話，心情也會變得很沮喪。

然而，如果持股仍處於收益持續增加的趨勢，在股價還算便宜的時機買進，就算股價下跌 10％，也不需要急著停損。依據狀況不同，有時你不僅應該續抱，甚至還是加碼的好機會。這種時候，即使出現未實現損失，也不能把這類型的股票，與該賣卻捨不得賣的「住套房的個股」混為一談。

　　如果你必須倚賴具體的判斷基準，才能做出停損決定的話，那麼在累積到足夠經驗、培養出自己的投資直覺，並能夠依照個股特性做出判斷前，先建立某種程度的紀律，或許也不錯。

　　即使建立了投資紀律，如果將停損點設定為個位數跌幅（例如 -5％）可能也會有風險。因為有時候，即使投資的企業業績還不錯，股價也可能會因為市場上的短期供需平衡變化，而出現大於 5％的漲跌幅。如果要設停損點，最好是在即使持股仍處於收益持續增加的趨勢，但只要當股價跌逾 20％以上，就先停損出場——養成這樣的紀律，比較不容易受傷。

STEP
1

STEP
2

STEP
3

STEP
4

TECHNIQUE

16/100

每檔股票都想買？
這時可得小心了！

開始投資股票一段時間後，投資人很容易會因為感受到交易的樂趣，於是一旦發現感興趣的個股，就會躍躍欲試地想出手。

如果證券戶頭有取之不盡、用之不竭的現金購買力，當然可以買遍所有想買的個股，可惜事實顯然不是如此。因此，當投資人遇上感興趣的個股、想要買進時，往往就會無法抗拒「變現」的誘惑，忍不住賣掉持股換現金，以此增加現金購買力。

不過，千萬不要輕易地輸給這股甜美的誘惑。

如果因為發現想買的個股，就輕易賣掉原先還不必賣的持股，那就表示你並沒有抓住正確的買賣時機。

這是因為，新買的個股不見得會如你所願地上漲，變成 2 倍、3 倍、10 倍雪球小型股；另一方面，賣掉的股票將來卻可能成為 2 倍、3 倍、10 倍雪球小型股。

　　根據我過去的經驗，若是因為出現了想買的個股，而考慮賣掉持股的話，這種情況下，續抱持股不要賣掉，通常才是正確解答。

　　投資股票的目的並不是買股票，而是增加退休後需要的資產。買遍想買的個股，並無法幫助你達成投資股票的目的。

　　發現想買的個股時，不如先放進「觀察清單」，與其他想買的個股比較業績及便宜的程度。

　　即使在比較之後還是執意投資，我建議各位也別賣掉持股，而是以證券戶頭內的現金購買力來進行投資。

TECHNIQUE

17/100 事先決定每檔股票的期待值，確立停利時機

　　尚未培養出對股市的敏銳直覺時，養成「股價一旦跌超過 20％，就先撤退」的紀律，倒也不失為一個好方法，但是停利時最好別設定機械化的固定數值，我建議各位，請盡可能拖到最後一刻再獲利了結。

　　話說回來，每個月都有穩定收入的上班族，根本不需要急著停利。如果跟停損一樣，股價漲超過 20％就機械化地一律停利的話，可能會喪失股價在那之後繼續上漲的空間與機會。

　　所以停利的標準不要過於僵化，而是在買進股票時，就先以「這檔個股要抱到漲 30％才賣」或「這檔個股一定要抱到翻倍」的標準，來決定每檔個股的停利水準。

　　以上是每檔個股的「期待值」，不妨等股價超過期待值，再來思考要停利還是要續抱。

　　雖然大前提是「停利要盡可能拖到最後一刻」，但是在資產還不多

的時候，最好不要癡心妄想「除非股價翻倍，否則絕對不賣」。因為這麼一來，將無法增加現金購買力，也就無法再買進有機會獲利的個股。重點在於要從「這檔股票具有股價翻倍的潛力」「這檔個股只要漲到30%以上就能賺錢」等對症下藥的角度來思考。

我自己也只買過一次號稱「雪球小型股」的 10 倍股。事實上，我是靠著一次又一次地根據期待值，在漲 30%～ 100%（2 倍）的時候停利，再用獲利來投資，才能不斷地增加資產。

絕不能在停損的時機上，賣掉含有未實現獲利的股票，藉此減少虧損。我懂大家想這麼做的心情，但這麼做就算能取得損益兩平，資產也不會增加。請把停損的時機與停利的時機分開來思考。

TECHNIQUE

鎖定 40 至 50 檔個股，耐心等待

我將本益比 15 倍以下（盡可能抓 10 倍以下）視為一個參考標準，但是就算出現符合這個標準的個股，那一瞬間也不見得是買進那檔股票的最好時機。不妨靜待買進的訊號。

我個人會利用日本「Yahoo! 股市」的投資組合功能，隨時記錄感興趣的 40 至 50 檔個股。

在我使用的網站中，一個投資組合最高可記錄 50 檔個股，只要增加投資組合，還能將所記錄的個股增加到 200 至 300 檔，但這樣實在太多了，照顧不來。以我為例，我會將值得關注的個股數量控制在 40 至 50 檔。

這 40 至 50 檔個股，也可說是需要持續監視的「觀察清單」。主動檢查股價的波動，耐心等待股價跌到自己想買的水準。

在股票市場呈現上漲趨勢的多頭市場，觀察清單裡的個股會一直咻

啾啾地漲上去，讓人想買也買不了。這時如果急著買進，等於是採取跟其他投資人相同的行動，結果就會不小心套在高點——這樣的悲劇實在屢見不鮮。

如果買進價格不夠便宜，當股市進入下跌的盤整局面，股價可能會大跌，我也有過好幾次被迫停損的痛苦經驗。所以對於想買進的股票價位，絕對不能妥協。

反之，當股價跌到自己期待的水準，買進個股後，即使股價又繼續下跌，也不能機械化地停損。

只要業績始終亮眼、收益持續增加，就能期待股價隨企業成長而水漲船高，建議不要隨便停損，而是繼續持有。這時候我甚至建議各位，要把股價下跌的現象，視為加碼（往下買）的好機會。

STEP
1

STEP
2

STEP
3

STEP
4

TECHNIQUE

19 / 100

資產越多，
現金購買力越高

　　證券戶頭內不保留現金部位，幾乎全部拿來買股票，貫徹買好買滿的 all in 風格——這種散戶投資人也在所多有，我剛開始投資時也不例外。但是在經歷過現金購買力過低的痛苦回憶後，我開始覺得，應該保留充分的現金購買力。

　　若現金購買力不足，就算看到想買的個股、想在跌到夠便宜的時間點買進，也必須賣掉持股才能購買。這時可能連有潛力的持股也得賣掉。

　　心不甘、情不願地賣掉有潛力的個股後，如果股價之後反轉向上，等於是白白放掉了可以賺大錢的機會。

　　不妨等證券戶頭內的資產變大，再增加現金購買力。這點對於避免產生重大損失、被迫退出股票市場來說，也很重要。

　　即使資產只有 100 萬日圓，也最好保留 20% 左右的現金購買力。

假設以 80 萬日圓買進的股票跌了 50%，在腰斬的狀態下停損，產生 40 萬日圓的虧損，那麼只要保留 20% 的現金購買力，證券戶頭就還有 60 萬日圓的現金，這麼一來就能繼續投資股票。

倘若資產達 200 萬日圓以上，建議保留 30% 以上的現金購買力。

假設有 500 萬日圓的資產，如果投入全部的資金，在股價跌了 50% 的時候停損，等於損失了 250 萬日圓。要靠投資股票賺回這 250 萬日圓的虧損，必須讓資產增加到 2 倍。

但如果還剩下 50% 的現金購買力，也就是有 250 萬日圓的現金，即使 250 萬日圓的股票跌了 50%，損失也只有 125 萬日圓。證券戶頭還留下 375 萬日圓的現金，只要之後再增加 30% 的獲利，幾乎就能彌補 125 萬日圓的虧損。

TECHNIQUE

透過公開說明資料，預測公司的未來業績

我會預測每檔股票的未來業績，例如「這檔個股有望在 2 到 3 年內賺到 30% 的獲利」或「這檔個股或許能賺到 50% 的獲利」。至於我的預測基礎，則是公司每一季或每半年公布的「公開說明資料」。

公開說明資料會與財務報表同時公布，但財務報表有其固定格式，公開說明資料則沒有固定的格式，主要用來說明該公司今後的成長策略及業績展望等資料。

上頭會寫著「接下來，將以這種速度繼續開分店」或「這項新業務可望於 5 年後成長至 500 億日圓的規模」等未來藍圖。倘若覺得公司描繪的藍圖合情合理，不妨想像一下「股價會隨業績成長漲到多少錢」。

想也知道，寫在公開說明資料上是一回事，是否真能全部實現又是另一回事。不同於財務報表，由於公開說明資料是可以自由製作的資料，不難想像，當然也會有公司刻意對投資人製作「灌水資料」。

因此，我也會同步參考過去的公開說明資料。

如果企業大致兌現了 2 至 3 年前公開說明資料裡承諾過的開店計畫或業績成長，就可以判定，這次的公開說明資料中寫的內容，也有相當高的可信度。相反地，如果是先畫大餅再讓業績向下修正的慣犯，或是經常採取對股東不利的「增資」（藉由增加股數來稀釋每 1 股的價值）的企業，即使公開說明資料說得再動聽，最好也不要照單全收。

2 到 3 年後，即使業績真如預期成長，股價漲了 30 ～ 50%，也不用急著停利。可以在這個階段重新預測，2 到 3 年後的業績與股價，若判斷還會繼續成長，就要續抱。重複以上的做法，就能養出 2 倍股、5 倍股、10 倍股。

S T E P 1

S T E P 2

S T E P 3

S T E P 4

TECHNIQUE
21/100
鎖定有經常性收入的個股

我偏好投資有經常性收入的企業。所謂有經常性收入的企業，指的是與會員簽約，得以持續有收益入帳的商業模式。

各位或許沒聽過「有經常性收入的商業模式」這個詞彙，但即使如此，我們其實在不知不覺間都利用過這些服務，例如生活所需的水電瓦斯、手機網路等公共建設，都是典型的經常性收入商業模式。

看在投資人眼中，有經常性收入的個股，就可以想見營收會隨訂戶人數增加而成長，便於預估業績的優勢。即使訂單大減，一路累積下來的營收也不會瞬間歸零。光是這樣就能避免股價暴跌的風險，可以放心地中長期持有。

以下就以我正在投資的個股為例，聊聊該怎麼投資這樣的公司吧！

Premium Group 是一家控股公司，以中古車的汽車貸款與保固業務為主力，近 10 年來，每年都保持 2 位數的收益，持續增加。透過擴大

直營、加盟店及增加營業人員、提升現有加盟店的水準，讓汽車貸款與保固業務皆有所成長，可以說是有經常性收入企業的成功範例。

該公司訂下營收在 2025 年第 3 季達到 419 億日圓、稅前淨利 100 億日圓、股票市值 2000 億日圓的目標。倘若真能實現，可以期待股價在 4 年內成長到 5 倍以上。

以外食產業或成衣業界為主的零售業，則正好與有經常性收入的商業模式相反，屬於一次性消費的企業。沒有人能保證買過一次的消費者會成為常客一而再、再而三地重複購買。

因此，投資人的心情很容易隨每個月既有店面的營收而增減起伏。此外，成衣的營收不管在冷夏還是暖冬都會減少，很容易一五一十地反應在股價上。

TECHNIQUE

適合持有／
不適合持有的個股

隨著投資股票的時間增長，各位會發現，有些個股「感覺上」就很適合持有，有些則不。一般來說，所謂「適合持有」的個股，就意味著「沒有不對勁的感覺」或「好像很適合自己」。

至於哪些是適合持有的個股、哪些是不適合持有的個股，得憑自己經驗和直覺去判斷，很難具體說明到底差在哪裡。

如果硬要說明，大概是適合持有的個股，抱起來比較有安全感；不適合持有的個股，在買進的時候，內心會不斷升起一股不安全感，不停質疑自己：「真的可以買嗎？」

如果想在沒有壓力的情況下進行中長期投資，就要盡可能把心力放在適合持有的個股上，減少不適合持有的個股。

對我而言，適合持有的個股主要是有經常性收入的產業、本益比15倍以下、收益持續增加的趨勢、配發率高達 30%以上。就算不能全

部滿足我的投資標準，也得符合其中幾項才行。這麼一來，才能沒有壓力地長期持有。

如果可以讓我再加一個條件，那麼「投資人關係（Investor Relations）的齊全度與透明度」，也影響到一檔股票是否適合持有。

即使同為上市公司，投資人關係的齊全度與透明度也大不相同。

有些企業可以在自家公司的網站上輕鬆地看到公開說明資料，有些企業只義務性地提供每季的財務報表、重大訊息等資料。如果企業方提供的資料不夠齊全，散戶投資人就難以預測該公司的成長性、產業現況。

適合持有的個股會提供大量的資訊，也會提供投資人方便閱覽資訊的方法，抱起來很放心。

S T E P 1

S T E P 2

S T E P 3

S T E P 4

TECHNIQUE 23/100

進可攻退可守的
新興市場中小型股

像我這種上班族投資人，不僅每個月都能領到薪水，還可以利用私人的時間投資股票。所以我一點也不覺得這麼做，會比以投資股票為工作的專業投資人或法人投資者不利。

因為我是以雪球小型股為對象，採取中長期投資的方式。

上班族無法一直盯著手機或電腦上的線圖，觀察股價的變化。頂多只能利用股市的交易時間，騰出空檔來確認一下股價。

一旦採取這種投資風格，就無法進行短期間不斷買賣的當沖或波段交易。但如果是對照本益比等股價指標、買進低價股的投資法，那麼我建議各位，不要頻繁地確認股價，反而能避免被短期的股價變動所惑、以免做出錯誤的投資判斷。

如果是以中長期持有為前提，就更不用在意短期的股價波動了。

　　雪球小型股的投資標的，多半是已發行普通股數比較少、從市值來看屬於中小規模的中小型股。如果是已發行普通股數太多、市值太大的大型股，現有的商業規模已經太大了，即使推出有機會賺大錢的新業務，對整體的營收或利潤帶來的衝擊也微乎其微。由此可知，大型股的成長空間比中小型股遜色。

　　另一方面，以日股為例，在東證 Mothers 或 JASDAQ 等新興市場上市的中小型股，由於外資或法人尚未介入太深，比較容易找到股價相對便宜的個股。找出這種雪球小型股來投資，我認為進可攻、退可守，是上班族投資人的優勢。

TECHNIQUE

24/100

利用紅利點數來挑戰
股票投資

我也很推薦用刷卡或手機支付等累積的點數來挑戰投資[2]。

我曾用日本的手機支付服務「PayPay」，透過付款時累積的「PayPay Bonus」（現已更名為 PayPay Points）點數來進行投資。

這是軟銀旗下的手機專業證券公司「PayPay 證券」提供的服務，省去開戶等繁瑣的手續，只要在 PayPay 的應用程式中選擇「使用點數」，同意使用條款後，就能輕鬆地開始投資。

投資標的只有兩種美股 ETF（指數股票型基金），我從中選了分散投資美股的「SPDR S&P500 ETF」。

除此之外，日本信用卡公司 Saison 提供的點數運用服務中，還包含了兩種金融商品的投資套餐：其一是可以從六種基金中項擇一投資的「基金套餐」；另一個「股票套餐」的點數則與股價連動，投資人可以從中選擇投資標的。此外，樂天證券則提供「點數投資」活動，可以用

刷卡累積的點數來投資股票。

信用卡的點數回饋率從刷卡金額的 0.5%（1 萬日圓為 50 日圓）到 1%（1 萬日圓為 100 日圓）不等，可以想見，透過這些服務來投資股票的金額其實很有限，在累積為退休做準備的資產時，根本是杯水車薪。

不過，如果是對投資股票還抱有戒心、或是沒有閒置資金的人，我認為不妨用這種方式來打開投資股票的大門。

這是因為，刷卡累積的點數是不折不扣的「閒置資金」。即使投資失利，點數減少，也不至於造成太大的打擊。如果想踏出投資股票的第一步，不妨善用這些服務。

---

2 編註：本章所提到的紅利點數回饋方式，是日本證券公司及信用卡公司服務。台灣投資人可自行參閱各大券商網站，確認紅利點數使用方式。

致富觀點 POINT

光靠零用錢，
很難存到第一桶金

　　已婚的上班族中，大概有不少人都是由老婆管錢，每個月還要跟老婆領零用錢。

　　2021 年，日本新生銀行調查 20 歲至 50 歲上班族的零用錢使用狀況，結果顯示，日本上班族的每月平均零用錢約 4 萬日圓，裡頭還得扣掉午餐錢及聚餐費用，所以無論花費多久時間，都無法存到一筆閒置資金。如果連年終獎金的用途都由老婆說了算，那根本等於斷絕投資股票之路。

　　內人在我調職後辭掉工作，我們家也從雙薪家庭變成單薪家庭，但我們從一開始就沒有什麼零用錢制度。拜此所賜，我在婚前就已經感受到投資股票的樂趣，所以婚後也想繼續投資，與內人討論後，決定從每個月的薪水中撥出一定的金額匯到生活費專用的戶頭裡，剩下的閒置資金讓我自由運用。

　　如果各位每個月都得跟老婆領零用錢過活，請務必召開家庭會議，集思廣益，如何留下一筆可以自由投資股票的閒置資金。

　　在說服老婆時，只要老實告知：「為了退休後的生活著想，我們必須累積一定程度的資產，但光靠存款肯定不夠，所以我想從現在開始投資股票。」

　　我想老婆應該不會強勢地拒絕你：「別想那麼多，繼續靠零用錢過日子吧。」

　　如果瞞著老婆投資，可能會造成家人間的衝突，所以最好先說清楚。

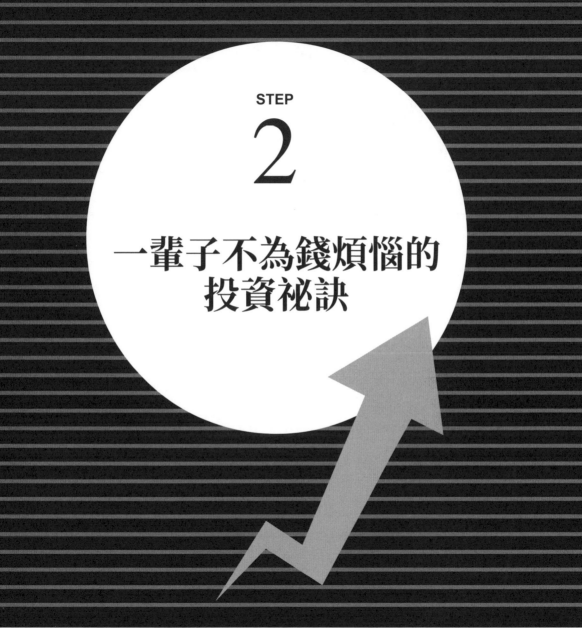

STEP

2

一輩子不為錢煩惱的
投資祕訣

TECHNIQUE

適合投資，
與不適合投資的人

為了迎戰未知的未來，投資變成一種不可或缺的手段，股票則是其中最有力的選項。

某次接受某家財經媒體採訪時，記者問我：「世上存在適合投資股票的人和不適合投資股票的人嗎？」這讓我我重新思考了兩者之間的差別。

先說結論，我認為對投資股票有興趣的人、喜歡投資股票的人，都很適合投資股票，我就是其中之一。剛開始投資的時候，我買進餐飲業薩莉亞的股票，結果股價暴跌。明明有很多未實現損失，我卻沒有因此心灰意冷、退出股市，這都是因為我真心感受到投資股票的樂趣，喜歡上投資股票所致。

那麼，如果各位初入股市時，只要出現一點點損失就悶悶不樂、股價一有風吹草動，心裡就會七上八下、無法專心工作，難道就表示不適

合投資股票了嗎？倒也不盡然，因為那是每個初學者的必經之路，我本身也不例外。

只要沒有黯然退出股票市場，那麼在努力從事中長期投資的過程中，自然就能累積經驗值，也能逐漸控制那股情緒波動。如此一來，就能輕鬆自在地面對股市，藉由中長期投資創造利益。累積越來越多的成功經驗，人就會產生自信，肯定也會提高對股市的興趣與關心。

如果說有什麼人不適合投資股票，大概是那些對投資股票沒有興趣、對投資本身漠不關心的人。既無興趣也不關心的人，就算開設證券戶頭，投資也不會持久。實不相瞞，我老婆就是這種人。對投資股票沒興趣的人，或許可以改用定期定額的方式投資基金。

TECHNIQUE

26/100 瀏覽企業家訪談和求職網站，也能挖到好股

對於感興趣的個股，除了「公司四季報」及「投資人關係」之外，如果各位希望得到更多資訊的話，我建議從該企業董事長的訪談，以及求職網站的評價裡挖寶。

公司四季報及投資人關係屬於定量資料，也就是每一季只會顯示不同數字資料，但是透過董事長訪談及求職網站的評價，可以挖到數字以外的定向資料。只要用「公司名稱」「董事長訪談」或「公司名稱」「求職網站」「評價」等關鍵字上網搜尋，就能得到各式各樣的定向資料。

收看董事長訪談的影片或報導，可以從企業高層的現場演說，了解成長策略或競爭優勢，是很寶貴的機會。

讓我達成雪球小型股（10 倍股）目標的個股有三檔：從事護理業務、旗下經營收費療養院的 Charm Care Corp；以九州為營業據點，開

設商務旅館的 Amaze；專門租借整棟住宅的包租代管公司日本管理中心，都是我在看了董事長訪談的影片後，才決定要投資的個股。

另外，只要是上市公司，幾乎一定都能找到求職網站的評價，無一例外。我猜很多人在上網買東西、訂餐廳前，都會參考網路上的評價。同樣地，各位也可以從評價中得知該企業的工作環境、公司風氣、員工福利等內部消息。

舉例來說，我偏好投資的長照業界中，就能透過網站得到「這家公司都不讓員工休假」「職前訓練不夠完整」等資訊。我會排除有太多惡評的企業，因為這種企業的業績可能遲早會變差、股價遲早會下跌。

依據各家求職網站的規範不同，有些網站可能會要求你註冊會員，才能看遍求職網站上的所有評論。然而一旦輸入電子郵件等個人資訊，之後可能就會收到很多不需要的徵才訊息，所以我建議各位，就算要瀏覽評論，也請控制在不註冊會員就能看到的範圍內。

STEP 1

STEP 2

STEP 3

STEP 4

TECHNIQUE

雞蛋別放同一個籃子 ——真的嗎？

股市中最常聽到的名言是「別把雞蛋放在同一個籃子裡」。因為把蛋全部放在一個籃子裡，萬一籃子掉落，蛋就會全部破碎。投資股票也一樣，如果集中投資同一檔股票，萬一那檔股票變成壁紙，投資人就會蒙受巨大的損失。

換句話說，這句名言的重點在於，要分散投資於好幾檔股票。但以我個人的情況來說，我的持股除了以股東贈品為目的買進的股票以外，加起來只有 8 到 10 檔個股。從投資金額來看，我持有的個股不算多，恐怕會被歸類為「沒有分散投資的人」。我的想法或許與這句股市名言有所衝突，但我認為，投資太分散也不好，原因如下。

第一，倘若持有幾十檔個股，就無法照顧到每檔個股的股價動向、投資人關係等變化。我身為上班族投資人，花在投資股票上的時間其實相當有限，如果要在有限的時間內仔細地照顧到每一檔股票，最好鎖定幾檔個股就好。

第二，如果投資太分散、持股的數量太多，可以投資在每一檔個股的金額就會變少。即使該個股的股價飆漲到好幾倍，停利後所能得到的獲利也很有限。假設買 100 股 2,000 日圓的股票變成 5 倍股，就有 80 萬日圓的獲利。但如果買了 500 股，獲利應該會變成 400 萬日圓。

另外，即便從事不過於分散的投資策略，也必須以預留現金購買力為前提。因為這種投資固然有機會賺大錢，但停損時的損失金額也很驚人。

我建議預留 20% 至 30% 以上的現金購買力，倘若證券戶頭內的資金在 100 萬日圓以內，就買 1 到 2 檔個股；200 萬日圓以內，就買 2 到 3 檔個股；500 萬日圓以內，就買 3 到 4 檔個股，這才是恰到好處的分散投資。

TECHNIQUE

買？不買？
猶豫的話就別買

以前我老婆說過：「想買的東西，與其因為沒買而後悔，不如買了再後悔。」她的理由是「如果沒買，會一直念念不忘；但買了以後就算不喜歡，也可以記取教訓，下次不要再亂花錢」。

即使是網路購物，也會三不五時產生要不要買的煩惱。投資股票也一樣，當我們苦惱著要不要買股票時，到底該怎麼做才好呢？

如果是有長期投資經驗的人，想必遇到過好幾次這種情況：不斷苦惱要不要買進列入觀察清單的股票，結果猶豫再三、決定不買後，股價就漲上去了。這是所謂的「機會成本」，但手頭上的資產並沒有實際損失。

如果因為不喜歡機會成本、討厭沒賺到的感覺，而決定「只要猶豫就先買再說」，那麼買進後，該個股也有相同的機率，發生股價不斷下挫的情況。這麼一來，不僅會留下「早知道就不要買」的後悔，手邊的

資產也會減少。

內人說的沒錯，記取教訓固然重要，但是在猶豫著要不要買股票的時候，就表示與業績展望或成長策略等有關的資訊還不夠明朗。既然資訊還不夠明確、內心還有迷惘，就不應該貿然買賣。

股市暴跌後反彈，或想買的個股開始下跌時，經常會讓人猶豫著要不要買。像這種時候，請不要有如飛蛾撲火般地告訴自己：「就是現在，快買！」

最好等掌握住股市或股價的走向後再出手，就算股市或股價在這段時期反轉向上，也要告訴自己「這次是我們沒緣分」。

TECHNIQUE

29/100

IPO 詢價圈購，是種 低風險、高報酬的投資

　　我在投資雪球小型股的時候，很擅長 IPO 二次投資，也會參加證券公司主辦的「詢價圈購」，買進 IPO 個股（新發行股票）。

　　所謂的詢價圈購，是根據 IPO 個股的經營狀況及法人的意見，由該公司或 IPO 的承銷券商制定「承銷價格」的制度。透過該價格進行詢價圈購（讓投資人表達認購意願），觀察投資人的需要與價格變動的風險等等，藉此決定正式的承銷價格。

　　如欲以承銷價格買進 IPO 個股，必須透過證券公司參加詢價圈購。大部分 IPO 個股上市時的「開盤價」都會比承銷價格高出許多，但股票數量有限，所以通常都會上演爭奪戰。參加詢價圈購就跟買彩券沒兩樣，屬於低風險、高報酬的投資，所以沒道理不參加。

　　只要是我認為有機會賺大錢的 IPO 個股舉行詢價圈購，我一定都會參加。如果運氣好「中獎了」，上市當天就會以開盤價賣出以停利。

　　舉例來說，我抽中過資訊收集及比較網站「比較 .com」這檔股票（現更名為 TEMAIRAZU），就算當初只抽中 1 股，也有 225 萬日圓的獲利。除此之外，物聯網開發及應用公司 IRI Ubiteq（現更名為 UBITEQ），也讓我賺到了 194 萬日圓，資訊科技公司 ASCII SOLUTIONS（已下市，業務轉移給其他公司）讓我賺了 153 萬日圓。以上全都是只抽中 1 股，以開盤價賣出所得到的獲利。

　　近年來，每年大約有 90 檔個股準備 IPO。只要一年能抽中一檔股票就萬萬歲了，但我仍經常在明知極可能抽不中的前提下，仍抱著「抽中就太幸運了」的心情參加詢價圈購。

TECHNIQUE

30/100

善用投資免稅制度

各位是否懂得善用投資免稅制度呢？[3]以日本為例，有一項制度叫作「NISA」（少額投資非課稅制度），以 20 歲以上的開戶人口為對象，投資股票或基金等獲利、配股配息不用課稅的制度。每年免稅額的上限為 120 萬日圓，免稅期間為 5 年。

比起一般 NISA，也有很多日本投資人選擇免稅期間長達 20 年，適合定期定額購買基金的「積立 NISA」。

積立 NISA 也是以 20 歲以上的開戶人口為對象，投資其所指定的基金賺到的買賣收益或配股配息，不用課稅。每年的投資額度為 40 萬日圓以內。

我自己運用的制度不是積立 NISA，而是一般的 NISA。

話雖如此，我也不是用 NISA 來進行一般的股票交易。因為每年的免稅額度只有 120 萬日圓，實在太少了，無法投入太大筆的金額。如果

每年操作的資金超過 120 萬日圓，就得加上 NISA 以外的「特定帳戶」或「一般帳戶」，這麼一來無法合併計算不同帳戶的買賣損益、配股配息的損益。由此可見，NISA 雖然有稅制上的優勢，但同時也有缺點，至少我個人覺得有點難用。

我利用 NISA 的方法，是用來參加新的 IPO（首次公開發行）公司的詢價圈購，只有運氣好抽中的時候才會利用 NISA 的戶頭（有的證券公司不能用 NISA 帳戶購買 IPO 股票，例如樂天證券）。

有機會賺大錢的 IPO 個股，絕大多數上市時的開盤價會遠高於承銷價格，因此只有在抽中那些股票的時候，我才會用 NISA 帳戶買進，而不是用特定帳戶或一般帳戶。如此一來就不用繳賣股票獲利的稅金。

3　編註：本章提到的「NISA」「積立 NISA」為日本實施之制度，台灣目前尚未實施相關投資免稅制度。

TECHNIQUE

31 / 100

全年買賣不要超過十檔個股

　　剛開始投資股票的時候，我每年會買賣 20 至 30 檔個股。從而累積經驗，慢慢地減少買賣的頻率，到了 2021 年的時候，已經控制在每年買賣 10 檔個股以內。

　　起初之所以卯起來買賣，主要是因為停利的時機太早了。這是初學者經常會犯的毛病——只要股價稍微上漲就得意忘形，很容易輸給停利的誘惑。停利之後就能產生現金購買力，有了現金購買力就能買進新的股票，倘若新買的股票又上漲，又可以停利……如此週而復始。但也因為太早停利，明明進出次數頻繁，股票資產的增加速度卻不如預期。

　　在那之後，我有幸加強了「抱住」有機會持續成長的股票的能力。隨著持有的時間變長、停利的速度變慢，買賣次數逐漸減少。持有能獲利的股票期間越長，越能夠獲得股價大幅上漲的甜頭，股票資產也會隨之增加。

這是因為，我基本上都不是採取短期內頻繁停利的「短進短出」式操作手法，而是沉住氣地中長期持有，因此我認為一年的交易控制在 10 檔個股以內最理想。

如果想得到股價上漲 30 ～ 50%的正報酬，至少也得花上半年到一年的時間。如果想賺更多錢，則需要更長的時間。

減少買賣的數量，就能把時間花在精挑細選地慎選個股上。這樣才能讓股票資產處於長期增加的狀態。不過，無論買賣次數頻繁與否，停損都要當機立斷。當持股出現利空消息，公司宣布業績即將向下修正等等，我就會承認投資失敗，立刻賣出持股。

TECHNIQUE

32/100

運用本益比投資時，
注意三個陷阱

　　雪球小型股的本益比（PER）的標準為 15 倍以下（盡可能抓 10 倍以下），但其中也有些個股，會讓人不禁疑惑：「明明是這麼好的股票，本益比為何不到 15 倍？」

　　發現這種個股的時候，不要急著買進，請先檢查以下三個重點。

　　順帶一提，以下重點也能幫助各位使用本益比購買股票時，避免落入意想不到的陷阱。

① 本期的「淨利」估值是否加計了「非常損益」？

　　「淨利」是計算本益比的要素，倘若加計像是賣掉持有的不動產等與該企業的事業內容或價值本身無關的臨時「非常損益」，可能會讓本益比暫時變得比較便宜。

②最近是否進行過股票分割？

最近如果進行過股票分割，「每股盈餘」會變成 2 分之 1，股價也會反應分割的結果，只剩下一半，但有些公司可能還來不及修正四季報或財務報表的本期每股盈餘。這麼一來，儘管本益比仍是 30 倍，用「股價（1 股）÷ 每股盈餘（1 年）」計算出來的本益比卻只有 15 倍，給人便宜的假象。

③最近是否發表過業績展望向下修正等利空消息？

倘若最近剛發表過業績展望向下修正，導致股價暴跌，而四季報或證券公司的系統尚未更新每股盈餘的資訊，本益比看起來也會比較低。想當然耳，當業績實際向下修正，淨利減少，每股盈餘也會跟著縮水。如此一來，會墊高真正的本益比，千萬要小心。

TECHNIQUE

33／100 與其參加股東會，不如關注法說會

我一次也沒參加過股東會，原因如下。

第一，股東會都常都在平日舉行，我這種上班族很難請假出席。

第二個原因，是股東會很容易流於形式，我個人找不到出席的理由。議長會根據事先擬訂好的議事規則主持會議，然後再照章辦事地跑經營報告、經營成果確認、進行表決等流程，一切都像按表操課，所以我不覺得散戶投資人有必要大老遠跑去參加股東會。

即使在經歷過新冠疫情後，目前股東會議開始以採用線上形式為主流，對上班族更為友善，我也不打算積極地參與。

因為比起股東會，我更重視法人說明會。遺憾的是，散戶投資人無法參加法說會，只有媒體和記者能參加法人說明會。

不過，最近有越來越多企業會在網路上直播法說會的實況。即使無

法在第一時間收看，法說會當天也會將公開說明資料，以 PDF 的形式上傳至官網。

　　觀看公開說明資料時，首先要檢視營業收入、營業淨利、繼續營業單位稅前淨利、本期淨利、配股配息等比較容易理解的數據。

　　接著再看一下「本期新增了這些業務，營收成長了這麼多」或「從本期開始想展開以下事業」等公司發表的內容。

　　公開說明資料並不多，裡頭的內容也不是很難，建議各位最好從頭到尾看一遍。

　　不管是手上的持股，還是觀察清單中「股價再跌一點就要買」的個股，我都會仔細看它們的公開說明資料。

TECHNIQUE

34/100

與其在空頭市場做空，不如休息一會兒

投資股票將近 20 年，我一向只用證券戶頭裡的現金投資現股，從來沒做過信用交易。

所謂信用交易，是向券商抵押現金或股票，向證券公司借錢買股票，或是借股票賣空。

可以借來投資的金額，最多為擔保品的 3.3 倍（網路信用交易約 2.85 倍）[4]。也就是說，這是一種開槓桿借錢，藉此快速增加資產的手法。

進行信用交易時，當買進的個股上漲，可以賺取極大的報酬，另一方面，當股價下跌，可能會承受巨大的損失。簡言之，股價可望翻 3 倍的同時，也得承受 3 倍損失的風險。

我沒做過信用交易，也認為這不是一種可以推薦給所有投資人的手法。信用交易屬於比較投機的手法，高風險、高報酬，可望在短期內獲

得極大的報酬。

碰到因為新冠疫情這種導致股票市場處於下跌趨勢的狀況時，有些投資人會透過信用交易「賣空」來賺錢。

所謂賣空，是向券商質借自己沒有的股票來賣的意思。現股投資是藉由「低價買進、高價賣出」來獲利，賣空則是藉由「高價賣出、低價買進」來獲利。

不過，在空頭市場做空股票，也不見得一定能獲利。為了減少在市場下跌趨勢時蒙受損失的風險，最好的方法並不是賣空，而是「不要買股票」，這是我個人的想法。

對於熱愛賣空的人來說，這或許是一種機會成本。但資產實際上並沒有減少，所以與其做空，我會選擇認命地接受機會成本。

4　編註：目前台股的信用交易額度共分 15 級，從最低額度 50 萬到最高 6000 萬元，投資人可以依自己的財力狀況與交易紀錄，決定申請哪一級。

TECHNIQUE

透過投資中小型股，
享受當老闆的滋味

已發行普通股數比較少、市值比較小的中小型股，在我的持股中占了相當高的比例。倒也不是我刻意鎖定中小型股進行投資，只是結果剛好如此而已。

對於在東證 Mothers 或 JASDAQ 等新興市場上市的中小型股而言，新事業是成長的動力引擎，有很多每期都能穩定成長 2 位數的個股。

接著，再用本益比從中找出股價特別便宜的個股，進行投資。

另外如前所述，我喜歡進行 IPO 二次投資。再為大家複習一次，這是等 IPO（首次公開發行）以後，行情沒那麼火熱了，股價變便宜後再投資的手法。

以日股為例，各位很容易從東證二部的個股中，挖到可以進行 IPO 二次投資的寶藏。

　　東證二部有很多打算在東證一部上市的中小型股，剛上市時會有很多人要賣股票，所以不至於變得太貴，因此是比較容易找到雪球小型股的環境。

　　我現在對每檔個股最多投資 400 萬～ 500 萬日圓。當我對市值 20 億日圓的中小型股投資 400 萬日圓，等於持有該公司已發行普通股數的 0.2％。

　　股市中流傳一句名言：「股東是企業的老闆。」平常各位聽到這句話大概沒什麼感覺，然而一旦持有某公司 0.2％的已發行普通股數，即使是上班族，也能享受當老闆的滋味。

　　我以前也曾經有過持股比例高達 0.38％的個股。還想過有朝一日要持有某家企業 1％左右的股票。只要投資市值比較小的中小型股，這個心願或許真能實現。

TECHNIQUE

36/100

別怕股票「賣了就漲」

停損後的股票，股價可能會反轉上漲；停利後賣掉的股票，股價繼續飆漲的情況也屢見不鮮。

有些股票停利後，股價反而一飛沖天，漲成 10 倍雪球小型股。以下就為各位舉幾個具體的例子。

利樂集團（Relo Group）以調職者為對象，提供包租代管服務、搬家服務、企業員工福利委外規畫的服務；為公家機關及企業規畫員工福利的 Benefit One 公司；設計租賃基金及不動產基金的 FPG 公司；插足人才派遣業務及製造業外包服務的 nms Holdings Corporation 公司等等，我都是在上述公司變成 2 倍股的階段停利，但股價最後都漲到買進價格的 10 倍以上。

回顧當時，我確實會有些遺憾，覺得「要是沒有賣掉就好了」，但倒也不會太過不甘心。即使股價在停利後直衝雲霄，也不會太後悔。當

時會賣掉，是達到我能接受的時獲利了結金額，我認為那樣就夠了。

如果因為飆漲前賣掉而悔不當初，不如以這股悔恨的心情為動力，反省自己「太早停利了，下次要抱久一點」。

這麼一來，就能逐漸加強抱住潛力股的「握力」，延緩停利的時間點，盡量讓利益最大化。

「後悔」與「反省」不一樣。正因為上述的個股讓我體會到股價漲到 2 倍就停利後，股價一路衝到 10 倍以上的苦澀，才能加強我持有股票的「握力」，不再急著獲利了結，有助於我後來把經營附看護的收費老人院 Charm Care Corp，抱到變成 10 倍股。

TECHNIQUE

37 / 100

暫時停損的個股，也能再次成功獲利

很多散戶投資人一旦停損，就會放棄那檔個股，不再視為投資對象，甚至還把它從股價的觀察清單中刪除，再也不關心。但如果是我，即使停損，只要我認為那檔股票的業績今後還有持續成長的機會，就會留在觀察清單裡，繼續追蹤股價。

即使是已經停損的個股，也會由於曾經持有過，很清楚該個股的企業資訊及股價波動的習性。因此比起完全不了解的個股，下次可以在更恰當的時機買進，藉此獲得更多的利潤。

HAVIX CORPORATION 就是一個成功的例子。這是一家製造使用於濕毛巾的不織布、用於紙尿布的衛生用紙的企業。第一次買的時候，因為股價下跌，我曾被迫停損。在那之後，隨著中國對紙尿布的需求大量增加，蓋了新工廠、增加產線，業績持續暢旺。後來我又買進了兩次，兩次都在股價上漲的狀況下停利。

　　截到目前的成績雖為兩勝一敗，最後的損益卻是 900 萬日圓以上的獲利。近年來，由於中國的需求減少，再加上受到新冠疫情的影響，導致外食產業對濕毛巾的需求銳減，HAVIX 的業績惡化、股價也很低迷。但該公司生產的不織布也開始用於口罩的製造與販賣，只要疫情告一段落，外食產業重新振作起來，股價、業績或許就有機會起死回生。

　　若說繼續觀察停損個股股價有什麼缺點，無非是當那檔股票的股價轉強，精神上可能會大受打擊。我也錯放過好幾檔停損後股價漲到 10 倍以上的個股，像是連鎖超市「神戶物產」，停損後股價居然漲到 50 倍以上。但是後悔也來不及了，所以建議各位投資人，一旦停損完畢，就別再想到底少賺多少錢了。

COLUMN

靠雪球小型股賺 2 億的交易之道①

2002 年 10 月，我開設證券戶頭，開始投資股票，投資本金為 100 萬日圓。將投資股票的本金控制在 100 萬日圓以內，是我和內人（當時還沒結婚）的約定。

起初購買的股票，都是自己生活中的遊戲相關個股，還有以外食產業為主的個股，其中之一就是薩莉亞。當時買進薩莉亞後立刻出現利空消息，導致股價暴跌。為了降低成本價，我又繼續買進薩莉亞的股票，結果 100 萬日圓根本不夠，只好又追加本金，最後膨脹到 250 萬日圓。隔年薩莉亞的股價終於重振雄風，好不容易才勉強停損。如此這般，我的股票投資是從失敗揭開序幕。

也是大約那個時候，我開始意識到雪球小型股，以本益比為標準，選定投資標的。最早買進的低本益比（低價）個股是新興不動產的相關個股。不動產相關企業的平均本益比較其他產業低，如果用低本益比搜尋，會撈到一大堆不動產的個股。

投資這種新興不動產相關個股是對的。因為當時不動產價格正值谷底反彈，與日本的東證 Mothers 等新興股票市場泡沫化的時間點剛好一致。雖然當時的我尚未完全具備身為投資人的實力，但是拜時機與運氣所賜，得以順利地增加資產。

2005 年底，我的股票資產三級跳，增加到 1,900 萬日圓。

然而，2006 年受到活力門事件的衝擊[5]，新興市場的股票暴跌。在那之前，我的判斷標準是只要本益比不到 20 倍就是便宜的個股，然而當股市下跌，即使是收益持續增加的成長股，也多出了許多本益比不到 15 倍的個股。大部分雪球小型股的股價都跌到本益比 15 倍以下，甚至 10 倍，因此我買在本益比 20 倍左右的持股，產生越來越多的帳面損失。這時又發生了 2008 年的雷曼風暴，持股的帳面損失最多甚至突破 900 萬日圓，開始亮黃燈。

5　編註：由活力門公司醜聞所引發的日本危機。2006 年 1 月，該公司涉嫌違反《證券交易法》，不僅導致公司股價暴跌，更連帶使日本股市整體下跌。

TECHNIQUE

38/100

自己決定想買進的股價水準

　　將自己特別關注的雪球小型股，記錄在觀察清單時，請事先決定好一套自己的標準，告訴自己：當股價跌到這個水準就買進。

　　假設某檔個股的股價現在是 2,000 日圓，本益比 20 倍以上，不妨以「再跌 10%，降到 1,800 日圓就買進」「本益比跌到 15 倍左右就買進」為參考值。

　　如果沒有任何參考值，那麼很可能股價明明已經跌到谷底，你卻無動於衷地繼續守株待兔，幻想「或許還會再跌也未可知」，等著等著，等其他投資人注意到這檔股票，股價開始止跌回升，就會錯失好不容易到來的買進時機。

　　若是本益比 20 至 25 倍的潛力個股，即使記錄在自己的觀察清單裡，如果股價始終保持在高點，跌不到理想中的股價水位，我就不會出手。這裡切記絕對不能妥協。除非本益比接近 15 倍左右，否則基本都

不能成為投資對象。

即便如此，如果產業的發展性值得期待，就先留在觀察清單裡，但如果股價始終保持在高點，本益比始終降不下來，久而久之你也會失去興趣，不妨先從觀察清單裡剔除，換上新的個股，調整投資組合。

當然，就算股價下跌，也不表示馬上就要買進。因為股價的下跌趨勢，分成「好的股價下跌法」與「不好的股價下跌法」。

「好的股價下跌法」是指儘管收益持續增加、業績良好，股價仍下跌的狀況。這時倘若股價跌到理想的水位，就要開始投資。

「不好的股價下跌法」則是業績變差、股價下跌。這時即使股價跌到理想的水位，最好也不要投資。

TECHNIQUE
39/100
實戰案例：中長期投資的個股，也能短期操作

我主要從事中長期投資，但並不表示我絕不短期進出。

不過，我就算要做短期進出，也不是以一天為單位的當沖，或以幾天為單位的波段交易。我的做法是，如果在我買進股票後，該公司就宣布業績展望向下修正，或者是成長股這個前提不復存在的話，依據過往經驗，我最短曾經在買進隔天就停損。

如果繼續抱著看走眼的股票，可能會在損失擴大的情況下，才悔不當初地停損。趁著傷得還沒那麼重的時候先認賠殺出，還能從頭再來。

我會在個人部落格上公布所有的買賣紀錄，即便網友知道我「買進隔天就停損」後，恥笑我是被割韭菜的菜籃族，我也依然一五一十地坦誠以告。此舉也能讓自己引以為戒。

相反地，即使是預期中長期能成長為 10 倍股而買進的股票，倘若股價短短 1 至 2 個月就狂飆到 2 倍，我也會賣出一趟。等短期的熱度過

去，股價再度回到便宜的水位，本益比也下降的時候，再買回來。

然而，過去也有過好幾次停利後，股價一去不回頭，遲遲等不到再次買進的機會，最後眼睜睜地看著那檔股票變成 10 倍股的經驗。

當股價短期內漲到意料之外的價位，到底是該繼續抱緊，不要短期進出；還是先出一趟，落袋為安……這部分的判斷依個股而異，我至今仍為此傷透腦筋。

無論如何，固執地認定「中長期投資人才不做短期進出」，不懂得臨機應變，絕不是一件好事，請各位務必特別注意。

TECHNIQUE
40/100

一直停損，
反而是聰明的股票投資

我的投資組合（持股的陣容與比例），扣掉專為股東贈品而買進的股票以外，都是接下來可望成長、已經有未實現獲利的個股。這並不是因為我的投資眼光精準獨到，而是因為我**徹底執行早期停損的策略，只留下帳面有獲利的個股。**

投資股票 20 年來，我最近重新體會到一件事，那就是越會停損的投資人，越能賺大錢。

散戶投資人很容易因為來不及停損，而陷入套牢的僵局。這恐怕是基於心理學上「損失趨避偏誤」的心理，也就是說，即使是相同的金額，損失會比獲利更令人感到痛苦，因此認知上會產生趨避停損的偏誤。受到此偏誤的影響，比起做出停損的判斷，人類會抱著一絲微弱的希望，認為「再撐一下，股價說不定會漲回來」，導致帳面上的損失越來越慘重。

　　當捨不得停損而套牢的個股越多，含有未實現損失的個股，在投資組合中占的比例就會越來越大。這樣也會產生很大的心理壓力，甚至影響到日常生活。

　　我建議各位，不妨瀏覽一下自己的投資組合，如果發現有來不及停損而慘遭套牢的個股，不如狠下心來賣掉。

　　基於「損失趨避偏誤」的心理，停損一定會帶來心理上的抗拒本能，但隨著投資經驗增加，你將不再那麼排斥做出停損的判斷，可以快刀斬亂麻。

　　停損得越快，越能減少每一次的損失金額。當投資組合裡全都是含有未實現獲利的個股，投資績效也自然會往上竄，進入良性循環。

STEP 1

STEP 2

STEP 3

STEP 4

TECHNIQUE

你的工作，
就是你的選股優勢

投資之神華倫·巴菲特有一句名言：「不投資自己不懂的生意。」我認同巴菲特的說法，投資人應該盡量避免投資自己無法理解的企業。

另一方面，上班族透過每天的工作內容，想必都很熟悉自己所處的行業生態，或是合作夥伴的商業模式。這正是上班族投資人的一大優勢。

不知該選擇哪檔股票投資時，不妨從自己工作的產業中，找出有潛力的個股。

自己認為理所當然的業界常識，看在外行人眼中，可能是很珍貴的投資訊息。

談生意的時候，可能也會遇見幾家企業，讓你覺得：「這家公司衝得好快啊！」「真有趣的商業模式，未來可期！」這時不妨參照投資人關係等資訊，仔細地研究這些企業，加入投資組合的候選名單裡。

說不定，其他投資人還沒注意到這些個股的潛力與發展性，那麼你等於是挖到沉睡的「寶藏」。

以法律規範的角度來說，事先得知客戶的未公開資訊，並透過尚未公布的消息來買賣股票──這種行為稱為內線交易，而證券交易法明文禁止內線交易。

然而，如果只是基於自己覺得「那家公司衝得好快」而買賣股票，將不構成內線交易。

透過自己的工作，立足於在自己擅長的領域一決勝負，不僅更有樂趣，也有助於精進投資技術。

TECHNIQUE

42/100

錯過 10 倍股，
還是能賺到千萬資產

　　投資股票的其中一大樂趣，就是買到雪球小型股，而這也是攸關於能否賺進上億資產的關鍵。

　　我之所以能建立起 2 億日圓的股票資產，也是因為買到 10 倍股——Charm Care Corp。光是這檔股票，就讓我賺到 6000 萬日圓的獲利。

　　各位聽到這樣的成功案例後，或許很容易產生不切實際的幻想，以為：「只要花 100 萬日圓買到 10 倍股，增加到 1000 萬日圓，再用那 1000 萬日圓買到 10 倍股，就能賺到 1 億日圓！」但現實可沒這麼順利。

　　我是在股票資產超過 1 億日圓以後，才能在 Charm Care Corp 成長為 10 倍股的時候停利。正因為在那之前有過跌宕起伏的經驗，才能買到 10 倍股。過程中也放掉過好幾檔「如果抱到現在，豈止 10 倍，股價

早就飆漲到幾十倍」的個股。我從這樣的經驗中學到教訓,慢慢地放緩停利的腳步,抱住 10 倍股,才能得到莫大的利益。

我在從 250 萬日圓的本金,累積到 1 億日圓的股票資產之前,都是遵循自己對不同個股事先設定的「期待值」,以年平均正 30% 的投資報酬率,穩扎穩打地累積獲利。即使沒買到 10 倍股,也建立起 1 億日圓以上的資產。

Charm Care Corp 花了 7 年才成長為 10 倍股,但如果是 30% 左右的正報酬率,就只要 2 至 3 年,有些個股甚至只要幾個月到半年,就能達成這個目標。

有些投資人會發下豪語:「就算天塌下來,我也要抱到變成 10 倍股!」但是,死死地抱住持股,可能會讓現金購買力卡住,無法機動性地投資新的股票。沒人能保證你的持股一定會成長為 10 倍股,所以在增加資產的過程中,適度地停利以增加現金購買力,這種態度也很重要。

TECHNIQUE

43 / 100

前景崩壞的個股, 切勿攤平

　　明明已描繪出一套成長的藍圖,相信是雪球小型股才買進,可惜不幸看走眼——這種狀況在所多有。投資這麼多年,我也有過很多次這樣的經驗。

　　最常發生的悲劇,是企業宣布向下修正原本預估的業績,導致股價跌得遠比買進價格還低。一想到這並非暫時的業績不振,接下來業績可能都無法恢復,投資人往往都會心灰意冷,突然對這檔股票失去興趣。

　　獲得諾貝爾和平獎的德蕾莎修女,曾留下一句至理名言:「愛的反面不是恨,而是漠不關心」。股票也是一樣,以為是雪球小型股的時候愛得深切,一旦辜負自己的期望,就變得漠不關心,失去興趣,連股價都不看了。這種個股,特別容易在不知不覺間產生大量的帳面虧損,即使想起來以後趕緊停損,也已經賠很多錢了。

　　如果個股的成長藍圖已經土崩瓦解,各位的態度也轉向漠不關心,

那麼最好就賣掉停損。也許股價日後會再恢復,即便如此,也只能告訴自己:過去的都過去了,別再留戀。

即使業績暫時下挫,只要成長藍圖沒有受到破壞,有些個股遲早會V形反轉,業績和股價都能重振雄風。這種個股不只不能漠不關心,還要保持高度的興趣,繼續觀察股價的變化。

面對這種個股,「攤平」也是一種有效的方法。這是在股價下跌的階段不斷買進,以降低平均成本的手法。花 3,000 日圓買 100 股的個股,在下跌 20%、變成 2,400 日圓的階段再買進 100 股,平均成本就會降到 2,700 日圓,藉此降低獲利門檻。

然而,一旦對個股失去興趣,那麼就算股價跌了 20%,也不要攤平,以免發生越攤越平的悲劇。

TECHNIQUE

44 / 100

一檔個股，
最多只能投資一百萬

我這五、六年來的投資風格，是分別鎖定有機會成長 5 到 10 倍的個股，和上漲 30% 至 100%（2 倍股）的個股。以下簡稱前者為「10 倍股」、後者為「2 倍股」。

證券戶頭內的 10 倍股與 2 倍股的未實現獲利，各為一半左右；個股的數量從「3：7」到「2：8」不等，以 2 倍股居多。10 倍股現在只有 1 至 2 檔；期待股價或許能漲到將近 10 倍的個股，其實並不多。

我會抱緊 10 倍股，盡量不要賣掉，然後利用 2 倍股反覆獲利了結再投資，藉此增加資產。

至於投資在每檔股票上的金額，10 倍股最多 500 萬日圓、2 倍股則為 300 萬至 400 萬日圓左右。而且這是在股票資產超過 1 億日圓以後的分配，以前投資在每檔股票的金額更少。

如果有太多不同的持股，投資在每檔個股的金額就會變少，無法賺

大錢。反之，如果持股的數量太少，投資在每檔個股的金額太高，即便可望得到高報酬，但風險也相對很高。

因此，即使認為個股有成長為 10 倍股的潛力，我也不會貿然投入巨額。因為萬一看走眼，將會蒙受巨大的損失。

假設以 1,000 日圓買進 10 倍股和 2 倍股後，該企業的業績雖然如我所料地成長，但股價始終在 1,100 ～ 1,200 日圓盤整、感覺還很便宜的話，我可能會加碼，但也不會買超過上述的投資水位。即使還有閒置資金，可以增加每一檔股票的投資金額，我也會保留現金購買力，以備股市暴跌時，還有資金可以買進新的 10 倍股和 2 倍股。

TECHNIQUE 45/100

公私分明，
才是聰明的上班族投資人

　　隨著新冠疫情蔓延，越來越多人在家工作，待在家裡的時間越來越長。這種情況下，上班族投資人只要有心，每天都可以用電腦或手機檢查股價幾十次。但我自己把工作與私生活分得很清楚，規定自己工作時不准看盤。因為如果太在意，可能會影響到工作，頂多利用中午休息時間，用手機檢查一下持股的狀態。

　　從事當沖或波段交易的短期投資人，幾乎不在意企業的業績與成長性，而是著眼於股價的波動，買進眾人爭搶、股價波動較活絡的個股。只要股價稍微上漲就賣掉停利，因此他們必須頻繁地確認股價。

　　另一方面，我採取的雪球小型股中長期投資，是瞄準股價將隨投資個股的業績成長而上漲的利差空間，因此會持有同一檔股票幾個月乃至於幾年。

　　不同於短期投資，從事中長期投資時，基本上是以業績或成長性為

前提，依循其變化買賣，而不是看短期的股價波動買賣。儘管如此，還是會有人很在意股價的波動，每天檢查股價好幾十次。我自己一開始也是這樣。

從事中長期投資時，企業多半會等收盤後，才公布會對股價造成影響的業績，因此各位其實可以這樣想：股價在一天內不會有太大的變動。

成天煩惱著要不要買進、過度關心股價變化的投資人，往往一看到「股價下跌，現在或許是買進的好機會」，就心慌意亂地買進，有時候可能因此買在高點。但是各位如果從半年、一年的時間軸，來俯瞰股價線圖，會發現股價其實隨時都在上下波動。

所以我建議各位，千萬別因為剛好看到下跌的瞬間，就認為「機不可失！」不顧一切地往前衝。

STEP 1

STEP 2

STEP 3

STEP 4

TECHNIQUE

進攻型投資與防守型投資

投資分成「進攻型投資」與「防守型投資」。

期待報酬（獲利）的投資方式，多少伴隨著風險（損失）。進攻型投資通常是「中風險、中報酬」，防守型投資則是「低風險、低報酬」。

如果只採取進攻型投資，就會擔心風險太高；但如果只採取防守型投資，報酬率可能會低到無法增加資產水位。正因為如此，取得進攻型投資與防守型投資之間的平衡，就顯得格外重要。

我的進攻型投資，是以雪球小型股為主要投資標的。我很幸運，能在沒承受太多風險的情況下，獲得巨大的報酬，得以建立起超過 2 億日圓的股票資產。

我的防守型投資，則是利用公司的企業型確定提撥制年金，與網路券商的投資基金。公司提供的確定提撥制年金，每個月有 5 萬 5000 日

圓的額度，我會把這筆錢全部拿來投資，再加上每個月定期定額投資
20 萬日圓的基金。

因為我現在手頭上有非常多的閒置資金，即使是防守型投資，也能
進行較大膽的交易，企業型確定提撥制年金的投資績效，每年都有超過
5%的報酬率。

我會把投資股票增加的資產，撥到投資定期定額的基金，因此每個
月定期定額的金額可能不值得大家參考，但各位每年應該都能定期定額
投資 40 萬至 80 萬日圓（每個月約 3 萬～ 6 萬日圓）吧？

只要能運用在年化報酬率 5%的投資標的，20 年後、30 年後，就
能累積出龐大的退休金，如下所示。

每年定期定額 40 萬日圓→ 20 年後 1,353 萬日圓→ 30 年後 2,720 萬日圓

每年定期定額 80 萬日圓→ 20 年後 2,706 萬日圓→ 30 年後 5,440 萬日圓

TECHNIQUE

47 / 100

活用公司四季報的業績預測

就像國語辭典及英文字典對學生的重要性，「四季報」對於散戶投資人而言，也是不可或缺的存在。以日股為例，四季報裡頭有市場上將近 3,800 家上市公司的重點資料，在挑選個股時，是個相當有效的導航工具。我平常就會利用網路券商的證券戶頭，搜尋能夠免費閱讀的四季報資料。

閱讀四季報時，要把重點放在這一期與下一期的業績預測。尤其是 2020 年，受到新冠疫情的影響，大部分企業都無法提出業績預測，因此四季報的業績預測，就成了很珍貴的投資判斷材料。

應該有不少散戶投資人是在選擇相信四季報的業績預測後，才出手投資，結果投資標的宣布業績向下修正，只能被迫停損。有人或許會因為這些痛苦的經驗，而產生「再也不相信四季報了！」的念頭。

不過，即使是企業發表的業績預測，也經常發生看走眼的狀況。如

果是傾向於做出樂觀業績預測的企業，有時候四季報的業績預測，反而更接近真實的狀態。

　　四季報的業績預測並不是隨便亂猜的，而是有實地採訪的結果作為依據。倘若公司的財務報表明明做出了非常樂觀的業績預測，四季報的業績預測卻沒有這麼亮眼的話，各位認為哪邊比較值得相信呢？兩者之間的差異，或許就能成為投資的線索。

　　我剛開始投資股票的時候，有句話叫作「四季報行情」。這句話是指四季報最新一期出刊那天，四季報中獲得高評價的個股，股價就會上漲的意思。當時我訂閱了日本財經雜誌《ALL 投資》（現已停刊），因為該雜誌會搶先刊四季報的部分內容，而且訂戶可以比上架日期還提前一到兩天收到雜誌。如此以來，就能提早找出低本益比排行榜前幾名的個股，搶先一步買進。

TECHNIQUE

48/100

財務報表不用全部看懂

　　我在挑選個股的時候，只會參考一些簡單的資料，例如證券公司的四季報、企業網站的投資人關係（財務報表、公開說明資料）等。財務報表也不會仔細地從頭看到尾，頂多只看第一頁的「營收」及「淨利」等業績，以及第二至三頁的官方發言。

　　財務報表會提供「資產負債表」（Ｂ／Ｓ）、「損益表」（Ｐ／Ｌ）、「現金流量表」。這也是法律規定上市公司必須製作的各種財務報表中，特別重要的部分，一般統稱為「財務三表」。資產負債表顯示資產、負債、淨資產的狀況，損益表顯示單一會計期間的收益與費用，現金流量表則顯示公司的現金花在哪裡。

　　我個人並不會仔細分析財務三表。儘管如此，這 20 年來，我靠著投資雪球小型股，還是成功地累積到 2 億日圓的股票資產。

　　只要看券商提供的四季報、財務報表的第一到二頁，以及各種公開

說明資料，就能充分掌握「本益比」「收益持續增加的趨勢」「殖利率」「成長策略」等必要的選股基準。

投資雪球小型股時，要鎖定低本益比的個股，然而其中也有些個股的本益比乍看很低，但其實加計本業以外的業外收入，或者是因為營業稅減免，而導致淨利虛胖。這時，只要稍微看一下四季報和財務報表，就能輕易地排除這些股票。

請各位千萬別因為「對數字沒有概念」或「看不懂財務三表」，就對投資股票卻步。請先參考我的做法，從經驗中記取教訓、逐漸培養熟練的投資技巧，到時候如果還有時間，再來研究財務三表就夠了。

STEP
1

STEP
2

STEP
3

STEP
4

TECHNIQUE

退休年金的不足部分，就靠自己準備

2019 年，日本金融廳的金融審議會，在報告書中發表了「國民退休金將短缺 2,000 萬日圓」的試算結果，引發各界軒然大波。

雖說這項報告結果的試算依據還有待商榷，但光以現在的年金給付金額來看，相信各位上班族在退休後，都很難維持現在的生活水準。年金給付金額接下來可能還會繼續減少，不夠的部分，只能靠自己賺來的資產彌補。

而我個人最推薦的方法，當然就是投資股票。以日本來說，為了彌補年金的不足部分，政府其實設計了很多與投資有關的稅金減免制度。例如企業型確定提撥制年金及 iDeCo（個人型確定提撥制年金）、每年有 40 萬日圓免稅額的積立 NISA（小額投資免稅制度）等等，收入穩定的上班族，就可以好好利用這些制度。

我在對雪球小型股進行中長期投資之餘，也會善用我公司的「企業

型確定提撥制年金」。具體來說,我會透過這筆確定提撥制年金,投資外國股票及債券,相較於截至目前提撥的 1,000 萬日圓本金,資產額已經增加到 2,000 萬日圓。只要繼續加以運用,光靠企業型確定提撥制年金,應該就能解決「退休金短缺 2,000 萬日圓」的問題。

如果選擇不把企業型確定提撥制年金拿來投資股票等金融商品,我的公司就會採取預設的定存方式,幫我存下每個月提撥的金額。問題是現在幾乎零利率,所以 1,000 萬日圓的本金,幾乎不會有任何成長。如果各位的公司有提供類似的制度,不妨及早安排、善加利用。

TECHNIQUE

50/100

獨立思考，
別被風向帶著走

　　1980 年代，日本颳起一陣相聲風潮。當時北野武先生的段子「就算是紅燈，只要大家一起走就不怕了」曾經風靡一時。

　　有時候，就算面臨再危險的挑戰，我們也會在毫無根據的安全感驅使下，大膽認為：「只要大家一起上就沒問題！」

　　這在心理學上稱之為「風險轉嫁」。這種現象指的是，明明獨自行動時會慎重地採取理性行動，一旦團體行動時，就很容易往極端的方向發展，做出高風險的決定。換個淺顯易懂的說法，就是所謂的「群眾心理」。

　　投資股票也會受到群眾心理的影響。不少人都認為：「只要是大家都在買的股票，就能放心購買」。

　　持有同一檔股票的人，甚至還會在社群媒體上熱烈地討論投資心得。這或許就是受到別人的持股吸引、於是自己也跟著買的「群眾心

理」所導致的結果。盲目地相信「因為是大家都在買的股票，肯定沒問題」「因為是知名投資人推薦的股票，應該不會賠錢」，這樣的思維其實相當危險。我必須提醒各位，千萬別基於群眾心理而出手投資，還是要動動自己的腦袋，反覆仔細地分析與思考後，再做決定。

有些雪球小型股在網路上沒什麼知名度，根本沒人在討論，這時各位可能會產生疑慮，擔心「投資這種沒人理的個股，或許會賠錢」。即便如此，只要研究過本益比及業績、殖利率等條件，確定是符合自己標準的個股，就應該買進。有很多雪球小型股的股價都需要時間蘊釀，才能呈現顯著的成長。如果業績明明很理想，股價卻橫向盤整的話，不妨自信一點，長期持有。

致富觀點 POINT

別因為一點損失就跳腳

我曾在社群媒體上進行過以下的問卷調查。

Q：哪個打擊比較大？
①投資股票損失 5 萬
②放在錢包裡的 1 萬塊不翼而飛

問卷調查的結果，大約有 75% 的受訪者都回答：「放在錢包裡的 1 萬日圓不翼而飛，帶來的打擊比較大」，與我的金錢觀完全一致。

為什麼大多數人都覺得②的打擊比較大呢？

內人不假思索地回答：「因為投資股票之前，已經做好有賺有賠的心理準備，可是錢包裡的錢不翼而飛，是意料之外的事，所以才會大受打擊不，是嗎？」

很多網友也提出類似的看法。除此之外，也不乏「因為投資失利的錢，還有機會從股市裡賺回來」之類的意見。

投資股票的時間一長，就會發現，帳面虧損一天增加幾十萬日圓以上其實是家常便飯；但是如果薪水突然減少幾十萬日圓，恐怕相當於晴天霹靂。此外，即便投資出現虧損，也並非全無好處。畢竟投資人還能藉此培養耐性，進而成長為「即使帳面出現虧損，也能不動如山」的投資家。

投資股票有賺有賠，只要接下來操作得當，就能賺回虧損的錢。千萬別忘了這點。

股票投資必勝的
思考術

TECHNIQUE

51/100

不投資，更危險

　　股票投資絕對有風險，但難道不投資股票就沒有風險了嗎？我並不這麼覺得。對上班族而言，我認為不投資的風險，遠高於投資股票的風險。話說回來，投資人其實不太可能發生投資的企業倒閉、本金全部歸零的風險，因為只要落實分散投資與及時停損，都能避開這些風險。

　　應屆畢業生進入大企業上班，工作到退休，老後靠退休金就能放心過日子──這種理想的人生規畫，早已經是過去式。時代變了，現在我們必須透過投資股票等方式，靠自己準備退休金。

　　上班族的生活尤其如此，沒人能保證自己一定能安安穩穩地工作到退休，例如可能會因為健康上的問題，不得不在退休前就先行辭職。此外，現在的職場環境正值不到幾年就會發生巨大變化的時代，也要考慮到公司破產或被併購，而丟了飯碗的可能性。

　　如果為了賺錢而一頭栽進不熟悉的副業，可能反而會忽略本業，或

是蠟燭兩頭燒、體力撐不住。但如果不靠自己出力，而是利用股票，讓你注入的金錢替你賺更多錢，就不用擔心這個問題。上班族即使一面工作，也還是有足夠的時間，可以花在挑選個股及照顧持股上。

現在正值長期零利率的時代，靠定存這種保證不會侵蝕本金的方法來增加資產，已經行不通了。另外也別忘了，如果手邊只有現金，遇到通貨膨脹的時候，實質上的資產可能會大幅縮水。

投資股票的風險，和不投資股票、只仰賴薪資收入的風險相比，我認為後者的風險還比較高。

不過，就算要投資股票，也記得要用閒置資金來投資，絕不要從事信用交易，這方面的風險控管也很重要。

STEP 1

STEP 2

STEP 3

STEP 4

TECHNIQUE

52
/100

四個重點，
讓你逃脫大賠的風險

投資一檔個股的期間，以幾個月到幾年為大方向。一面拿投資獲得的利潤再行投資，將「複利」的效果發揮到淋漓盡致；一面耐心地持續長期投資，藉此形成巨大的資產。

這裡有個重點，那就是投資時千萬不要賠大錢。萬一損失大到無法挽救，可能會被迫退出股市。這麼一來，就無法在時間的長流中建立起巨大的股票資產。

不賠大錢的投資技巧，可以整理成以下四點。

第一，停損要趁早。如果對股價下跌的個股還戀戀不捨、遲遲不停損的話，損失就會越來越慘重。

第二，停損時千萬不要一頭熱。不要妄想靠下一次買進的股票扳回一城。每檔股票都有適合買進的時機。停損後，即使無縫接軌地買進感興趣的個股，也可能會買在高點，遲早要被迫停損。

　　第三，不要重押單一個股。若處於經濟不景氣、大盤大幅下跌的局面，有些個股的股價可能會跌到只剩下景氣好時的一半。即便如此，只要別重押單一個股，虧損的金額應該就還在可以承受的範圍內。

　　第四，不要從事信用交易。信用交易在股價上漲的局面可以發揮槓桿作用、賺大錢，可是當股價處於下跌趨勢，也會蒙受相當大的損失。即使想在下跌時利用不熟悉的賣空操作來避險，可能也有心無力，反而越賠越多。

　　重點在於遵守以上的法則，就算不小心做出錯誤的判斷，也能將損失控制在可以挽回的範圍內，請耐心地持續投資股票，增加資產。

STEP
1

STEP
2

STEP
3

STEP
4

TECHNIQUE

53/100

危機時刻，
現金購買力是你的救命索

2020 年 2 月底至 3 月，日本因為受到新冠疫情的影響，股價暴跌。我手中持股的未實現獲利也從正 50％減少到 25％，相當於腰斬。儘管我也擔心「再這樣下去，可能會從賺錢變成賠錢」，但之所以沒有灰頭土臉地認賠殺出，無非是因為，證券戶頭還有七成左右的現金購買力。

即使帳面獲利銳減，由於現金購買力的占比很高，證券戶頭的全部資產只比疫情前少了不到 10％。也因此扣掉極少部分停損的個股後，還是能續抱持股。

疫情發生前的 2018 年，我已經預先設想到以下的情況。

我預估自己的投資績效，將隨著 2019 年 10 月提高消費稅、2020 年夏天的東京奧運而來到頂點。因此快的話 2018 年底、慢的話 2019 年上半年，日本的股票市場就會下跌，進入盤整局面。以上是我的預測。

正因為預料到會出現盤整局面，而增加現金購買力——這反倒成了

我在新冠疫情肆虐下，僥倖逃過一劫的最主要原因。經此一役，我再次把「投資股票時不要投入全部資金，要在證券戶頭內保留充足現金購買力」的金科玉律，銘記在心。

疫情對商業模式的影響也不小，陸續出現了許多收益持續增加、持續高配息，本益比卻降低到 10 倍以下，股價相對便宜的成長股。為了買進這種股票投資，現金購買力也很重要。

後來日經平均股價指數順利回升，2021 年 2 月甚至突破 3 萬點的大關，這也是自 1990 年 8 月以來，時隔 30 年再次站上 3 萬點大關。即使面臨疫情挑戰，也能堅持續抱的個股，在帳面上再次出現傲人的未實現獲利。

TECHNIQUE

54
/100

獲利是屬於懂得等待的人

即使是曾經獲利了結的個股，停利後也經常可以看準時機，再次買進。而且投資人面對曾經持有過的個股，也會比較了解該公司的業務內容、股價處於什麼樣的水準、價格波動會呈現什麼樣的慣性。即使已經獲利了結，只要持續關注股價波動，就能在股價還處於低檔，或出現足以推升業績的利多消息時，再次買進，很容易賺到價差（資本利得）。

重點在於再次買進的時機。舉例來說，以 1 股 1,000 日圓買進的股票，有些人或許會在上漲到 1,500 日圓的時候（賺 50%）落袋為安；如果是短期進出，則會等跌到 1,400 日圓再買回來，等漲到 1,600 日圓獲利了結，來回操作，藉此累積獲利。

不過，我個人會等股價跌 20 ～ 30%再買回來，如果一直跌不到那個價位，就放棄。

以剛才的例子來說，約莫是等股價漲到 1,500 日圓先停利的個股，

跌回 1000 ～ 1200 日圓（-20 ～ 30%）時，再買回來，並看準股價會漲到 1800 圓（+50%）。

拿我以前買過的 SANKI SERVICE 公司（提供整體設施維修服務之企業）股票為例，最初以 1 股 800 日圓買進，漲到 1,600 日圓時（+100%）獲利了結，然後在股價回落到 1300 日圓以下（-20%左右）的階段再次買進，最後在漲到 2,200 日圓（+70%）的時候停利。

對於曾經獲利了結的個股，如果看錯再次買進的時機，可能會在好不容易賺到錢的情況下，反而又套在高點。所以最好保持「就算買不回來也無妨」的心態，放進觀察清單，耐心等股價跌回便宜的價位。

TECHNIQUE

什麼公司值得投資？
看大股東名單就知道！

有時候，持股的公司可能會出乎意料地公開發行新股，或由特定人認購，以上皆為所謂的「增資」。一旦增資，已發行普通股數將隨之增加，會因此稀釋每 1 股的價值，可能導致股價下跌。

增資對企業的好處是，已發行普通股數一旦增加，就不用向金融機構借錢，可以直接從股票市場籌措到新的資金。只要善用那筆資金、描繪出既能滿足投資人，又具有高度實踐性的成長策略，增資價格就會成為股價的支撐。然而，並非所有增資的公司都能描繪出令人心動的遠景，因此一般投資人其實不喜歡買增資企業的股票。

增資不代表業績變差，所以增資不見得意味著要馬上停損，只是難免會墊高本益比（PER），讓股價感覺不那麼便宜。

挑選個股時，當然無法預測將來會不會增資，但可以把增資的個股剔除於清單之外。這時，請上企業的官方網站查詢投資人關係，或利用

四季報來檢查過去有沒有增資的紀錄。

　　增資的企業，通常會以幾年一次的頻率一再增資，因此過去如果有增資的紀錄，不妨視同將來或許還會再度增資。

　　查閱相關資料時，也記得要檢查大股東的比例。檢查方法不難，只要在搜尋引擎輸入「公司名稱」「大股東」就可以得知。倘若董事長及家族或經營團隊、員工持股出現在大股東的名單上，表示一般股東與經營團隊的利害關係一致，據我判斷，這種公司不太會進行與成長策略無關的增資計畫。

　　這是因為，增資會導致每股價值稀釋、股價下跌，對經營團隊和員工並不是一件好事。

TECHNIQUE

56 / 100

發一則動態，
能讓投資表現更穩定

投資股票 3 年後，我從 2005 年開始在部落格上分享股票日記。

我建議所有投資人都可以仿效這個做法，利用部落格或社群網站寫股票日記。

投資股票買賣失利的時候，我會在股票日記裡寫下需要反省的部分，以提醒自己。寫成文字，有助於讓大腦重新整理過程，也方便日後回顧。

除了需要反省的地方以外，也建議養成每次買進新的股票時，都在股票日記裡寫下「為什麼要買這檔股票」的習慣。日積月累下來，就能踏實地地建立起一套屬於自己的買賣股票方程式。

如果沒辦法明確地寫下買進理由，或許就會意識到，自己可能只是因為這檔股票在網路上掀起話題，沒有深思熟慮就買了，這時候要提醒自己，下次要考慮清楚再買。

此外，也不妨利用股票日記，在社群媒體上公布自己的股票資產目標金額。如前所述，這種「宣言效應」有助於達成目標。因為一旦說出口就沒有退路了，只能抱著積極進取的態度面對投資，有助於提升績效。

我也會在社群媒體發表自己對投資股票的觀點。當我同時使用部落格與推特發文時，還得到一個新發現，那就是部落格基本上只能單方面對外發言，推特則是能與追蹤者雙向溝通。

如果不想使用部落格或社群網站這種公開的網路平台，也可以寫在只有自己看得到的日記裡。

TECHNIQUE

57/100

國內與國外股票的投資法，大大不同！

　　對於尚未接觸股市的投資小白而言，基金或許是個相當有魅力的選擇。這是因為，基金的投資方式看似相對單純：不是與加權指數連動，就是由專業人士替你選擇價格漲幅有機會超越指數的股票或債券，不用自己操作，所以門檻較低，讓人感覺很划算。很多人是從投資基金開始踏入市場，接著逐漸嘗試挑戰個股，但我反而建議初學者以投資個股為優先。

　　這是因為全權委託專業人士操作，不管有沒有賺到錢，都無法累積與投資股票有關的知識與技術。但如果是嫌「自己操作很麻煩」的人，就算勉強投資個股也撐不久，所以確實投資基金比較合適（只不過，我認為投資基金很難變成「億萬富翁」）。

　　如果遲早都要投資個股，為什麼不從一開始就投資個股呢？這麼一來，不僅能提高對國內外的經濟、金融、股票等資訊的敏感度，還能透過交易，累積投資個股的經驗值。

　　不過，若是想投資美股等國外股票，我會建議以投資基金的方式來進行。我們都知道美股很迷人，但是在蒐集到正確的資料、好用來判斷要選擇哪檔個股的難度上，投資美股遠比投資本國股票辛苦多了。也很難像投資本國股票那樣，臨機應變地判斷買賣的時機。

　　我的做法是將國內外股票分開操作。國內市場就投資個股；國外市場就投資基金。

　　目前我每週定期定額各買進 1 萬 5 千日圓的「SBI・V・S&P500 指數基金」與「Hifumi World +」、1 萬日圓的「EXE‐i 全球中小型股票基金」等國外股票。

　　之所以不是以月為單位，而是以週為單位定期定額，是為了在價格高的時候少買一點、低的時候多買一點，利用「平均成本法」，將基金的價格變動與匯率的變動風險，控制在最小範圍內。

TECHNIQUE

58/100

投資高股息的注意事項

我投資的目標主要是賺價差（資本利得），所以不會做鎖定配股配息（利息收入）的投資。

我要的不是配股配息，而是股價上漲的獲利，但是在選擇雪球小型股的時候，如果能選到高殖利率的個股就更好了。因為高殖利率將成為支撐股價的要素。

只是當投資對象出現業績惡化等利空消息時，就算再過幾天就要配股配息了，我也會果斷地停損。因為要是被配股配息這種蠅頭小利蒙蔽了雙眼，來不及停損而蒙受巨大的虧損的話，可就太得不償失了。

投資高殖利率的個股有其吸引人的地方，但是為了賺股利而抱著不放，也有風險。如同沒有人知道股價未來是漲是跌，也沒有人能保證未來永遠都能拿到股利。一旦公司的業績惡化，股利很可能會縮水，甚至配不出來。

即使是以配股配息為目的的投資，也跟為了賺價差的投資一樣，必須仔細地審視股價及業績的變化。

當業績惡化、股價下跌，用「每股的配股配息 ÷ 股價 ×100」算出來的殖利率也會被墊高。

很多企業在景氣好的時候會與業績連動，增加配股配息的金額，可是隨景氣變差，進入盤整趨勢，股息股利也會產生縮水的風險。從這個角度來思考，如果要投資高殖利率的股票，最好選擇配股配息多年來都能持續增加的個股。

舉例來說，花王的股利連續 31 年都增加；汽車零件批發商 SPK 連續 22 年增加股利；小林製藥連續 21 年增加股利。像這樣的公司，或許都是不錯的標的。

TECHNIQUE

59 / 100

賠少賺多的真正目的

　　我在部落格裡不厭其煩地強調「賠少賺多」的重要性。所謂賠少賺多,是指停損不要拖,要快狠準地讓損失最小化;相反地,停利的時候則要戒急用忍,盡可能讓利益最大化。

　　那麼,停利的時候該怎麼撐到最後一刻呢?

　　以我為例,在賺到 1 億日圓的股票資產前,我會配合個股的特性,先鎖定停利的「期待值」,當股價漲到這個水準再來思考要不要賣掉。獲利了結是為了增加現金購買力,進入尋找新的個股,加以買進的循環。因此我有好幾十檔個股,在停利的時候,都賺了 200 萬至 300 萬日圓。

　　我的股票資產之所以能從 1 億日圓成長到 2 億日圓,主要是因為我買到一檔 10 倍股 Charm Care Corp。光靠這檔股票,就產生超過 6000 萬日圓的獲利。不過,我也只買過這檔 10 倍股,其次是 3 倍股。除此

之外，都在正報酬 30 ～ 100%的時候獲利了結。

正因為不斷地適度獲利了結，資產才能穩定地增加，可是另一方面，也有好幾檔個股，在我停利後才變成 10 倍股。

直到現在，該如何判斷什麼是賠少賺多的「賺多」，或許還是有其難度。但如果是業績十分亮眼、業務持續成長的個股，或許也可以提高「期待值」，看好其成為第二檔、第三檔 10 倍雪球小型股的潛力。

至今，我也還是會發生這樣的窘境：即使某檔個股已經有 100 萬日圓的未實現獲利，而且期待 5 年後的帳面獲利或許會成長 5 倍，但只要遇到股市暴跌，就還是抱不住，直到看見賣出後跌深反彈的漲幅，才反省「早知道就不要賣了」。倘若不想重蹈覆轍，在停利的操作上就要配合個股的特性，不時調整期待值，如果對個股有信心，就要踩住「不漲到 5 ～ 10 倍不賣」的底線。

TECHNIQUE

60/100

鎖定高營收、
高成長率的個股

　　雪球小型股中，我建議各位鎖定看似乏人問津、股價始終低迷、低本益比，但業績方面始終呈現收益增加趨勢的個股。

　　能買到收益持續增加的個股當然再好不過，但即使獲利略微減少，若營收仍能大幅成長，亦即保持高度「營收成長率」的個股，也可以列入投資標的。因為只要營收大幅成長，獲利遲早會跟上，這麼一來通常就會受到投資人的青睞，開始推升股價。

　　如同前文所述，我曾投資過一檔 10 倍股——Charm Care Corp，這是一家經營附看護照護設施的公司。剛投資的前幾年，該公司因為積極地開設收費療養院，營收快速成長，但獲利其實處於虧損的狀態。這種幾乎沒有淨利的經營赤字，持續了好一陣子。

　　但我認為，那只不過是公司投資於設施的前期成本，帳面上看起來尚未獲利就先投入一大筆經費。但積極擴增設施所產生的營收，將來一

定能對獲利有所貢獻。除此之外，我還預測今後社會對長照產業的需求應該會大增，因此續抱持股。

後來該公司就如同我的預測，現有設施的營收吸收了先行投資的費用，事業規模持續擴大，兩、三年後獲利暴增，最後變成一檔 10 倍股。

如果看到像 Charm Care Corp 這種營收大幅成長、獲利卻一時半刻追不上來的企業，不妨透過投資人關係等資料，研究原因出在哪裡。

經由如果腳踏實地的分析，應該就能找到兩、三年後有望脫胎換骨，未來有機會成為 10 倍股的金雞母。

TECHNIQUE

做個股市邊緣人，
又怎樣？

在投資股票的世界中，我其實沒有可以輕鬆聊天的朋友。

內人是唯一知道我靠投資股票賺了很多錢的人。我沒讓公司裡的同事知道我投資股票的事，在職場上甚至從未提過股票。

假如公司的同事知道我靠投資股票，累積到上億身家，可能會產生不必要的負面影響，例如人際關係會變得緊張、破壞我安穩的上班族生活。

世上存在各式各樣的投資人，其中也有很多人會參加線上研討會、舉辦讀書會、討論股票心得。彼此間若能不帶利害關係、熱烈地討論投資股票這個共通話題，當然是件開心的事，但我自己從未參加過這類的聚會，今後也不打算參加。

現在上網就能蒐集到許多與選股或投資手法相關的資訊。此外，如果在投資聚會裡交到好朋友，勢必會對他們推薦的個股或投資手法產生

興趣。要是一不小心隨波逐流，自己好不容易打造的投資風格，可能也會受到影響。

有些人能夠確實堅守自己的投資風格，對於親朋好友的意見都能置之一笑，就算嘴巴上從善如流：「對耶，原來還有這樣的投資觀點啊！」心裡還是能保持冷靜：「就把這當成一個新的投資標的，自己再好好地研究一番吧！」像這樣的人，或許就能跟其他投資人交朋友。

我認為投資人一定要養成獨立思考的習慣，這麼一來不只能提升經驗值，投資績效也會變好。

透過部落格或社群媒體等網路平台進行間接交流，我認為就是最理想的方式。保持適度的距離，藉由網路蒐集資料、交換訊息，這比較適合我。

TECHNIQUE
62/100

我如何善用
企業型確定提撥制年金

　　如同「不要把雞蛋都放在一個籃子裡」這句至理名言，投資股票的基本原則，就是資產越多，越要分散投資，切勿集中於一點。不過如同前文所提到，我認為太分散也不好。與其分散投資太多個股，不如把蛋放在投資個股以外的籃子裡。

　　投資不是只能投資個股。與其執著於單一金融商品，不如找出自己擅長的領域，對該領域全力以赴，將有助於提升投資效率，但如果把所有的資產都丟進擅長的領域裡，將會承擔過高的風險，因為你還得考慮到通貨膨脹或匯率變動的可能性。

　　除了投資個股以外，我還有一個籃子，那就是前面提過的「企業型確定提撥制年金」。我上班的公司在 2012 年引進了這項制度。我在正式運用企業型確定提撥制年金之前，剛好參加過某大型證券公司主辦的說明會，會議上又剛好提到「不要把雞蛋都放在一個籃子裡」的金科玉律，大力推薦分散投資於國內外的股票和債券。

但我並沒有接受這項建議，而是選擇把資金都砸在投資海外的股票型基金。

這是因為我在日本企業上班，公司以日幣付我薪水。投資股票也以日股為主，從總資產的角度來看，我的投資風格，具有側重於投資日圓資產的缺點。為了改善這一點，我藉由將企業型確定提撥制年金集中投資於海外的股票，以分散總資產的投資。

目前有越來越多公司都導入了企業型確定提撥制年金。即便你選擇不指定這筆年金的用途，而是把資金都放在預設的一年期定存、接著就撒手不管，但在操作上，各位都要懂得隨時綜觀自己的總資產，不要局限於企業型確定提撥制年金的框架。

除了企業型確定提撥制年金以外，我也會透過主要用於投資個股的SBI 證券，對以美股為主的國外股票型基金，進行定期定額的投資。

TECHNIQUE

63 / 100

透過多個證券戶頭，提供 IPO 詢價圈購中籤率

　　日本網路證券商 SBI，是我主要使用的帳戶，但我在有實體營業據點的證券公司（例如野村證券和瑞穗證券）也開設了網路下單的戶頭。這是為了盡可能提高 IPO（首次公開發行）個股上市時，參加 IPO 詢價圈購能抽中股票的機率。

　　像野村證券或瑞穗證券這種可直接在營業據點買賣股票的證券公司，可以猜想，分配到的 IPO 詢價圈購，大概有 90% 都會分給各營業處或機構投資人等法人顧客，剩下約 10% 才輪到網路下單的使用者。

　　但是像 SBI 證券這種專門提供網路服務的證券公司，其所分配到的 IPO 詢價圈購，聽說大部分都會分給網路帳戶的使用者。再說，專門提供網路服務的券商，本來就以積極買賣的散戶投資人占多數。有意願參與 IPO 詢價圈購的人也很多，彼此之間競爭得很激烈，即使分配到的數量很多，抽中的機率還是很低。

SBI 證券也會把 IPO 個股分配給法人顧客（分配比例未公開），但每個法人顧客可以分配到的股票數量是散戶投資人的 10 倍，因此散戶投資人非常難中籤。另一方面，我認為大型實體證券公司的網路下單用戶，相較於專門提供網路服務的證券公司，透過網路積極投資的人應該會少一點。

分配給網路下單用戶的數量，雖然比分配給各營業處的數量少很多，假設參加的人也比較少的話，抽中的機率可能會比專門提供網路服務的證券公司高一些。因此我開了三個證券戶頭，三個都拿來參加 IPO 詢價圈購。野村證券和瑞穗證券很幸運地都抽中過。

TECHNIQUE

64
/100

搶先看透
企業經營模式的變化

2021 年，新冠疫情席捲全球，至今仍未畫下句點。即使世界各地的人都陸續接種疫苗、形成群體免疫，但還是擔心會不會又出現新的變種病毒。專家也預測，大概得花上 10 年，我們才能像面對平常的傷風感冒那樣，與新冠肺炎共存。面臨後疫情時代，企業環境將與疫情爆發前截然不同。更重要的是，投資股票的心態也會隨之改變。

疫情對外食、運輸、飯店、旅行業都造成相當大的打擊，而且這些產業可能很難再恢復原本的營收或獲利。

疫情也讓「遠距工作」變成常態。我身為上班族深有所感，大部分企業都從中掌握了「即使讓員工在家上班」也不會耽誤工作的訣竅，還能減少各方面的成本，所以即使疫情結束，可能也會繼續讓員工在家工作。上班族不用再像以前那樣，每天早上擠塞滿人的電車去公司上班。這麼一來，對午餐或聚餐的需求或許再也不會恢復了，對外食產業的影響可能既深遠又持久。

　　一旦在家上班變成常態，也會打擊到運輸業。舉例來說，員工進辦公室的日子減少，那麼原為收益重心之一的月票收入就會減少。另外，當企業發現其實不一定要出差時，可能也會考慮增加線上會議，減少讓員工在國內外飛來飛去的差旅費，以樽節開支。這麼一來，不只運輸業，就連商務旅館等飯店業的市場大概也會被迫縮小。

　　直到過往那樣能夠自由移動世界各地、享受旅行的日子回來前，包括運輸業及旅行、飯店業在內，整個觀光產業的寒冬可能還得持續。

　　我認為中長期投資的關鍵，就在於必須看出哪些個股的業績在後疫情時代會恢復、哪些不會，有彈性地思考，慎重地投資。

COLUMN

靠雪球小型股賺 2 億的交易之道②

　　2008 年受到雷曼風暴的重創，日本經濟陷入空前的不景氣，企業終止與非正式員工的雇用合約，造成派遣公司及外包業務的上市公司股價暴跌。我在那個時間點，買進主要負責承包業務的日本 MANUFACTURING SERVICE（現 nms 控股公司）的股票。這次逆勢操作的投資十分精準到位。雷曼風暴後，派遣公司及外包業務的上市公司股價都呈現 V 形反轉。

　　經此一役，我認為企業今後應該會更加速將業務外包給外面的公司，致力於投資提供業務外包服務的 B2B 企業。基於同樣的想法，我投資了為公家機關及企業規畫員工福利的利樂控股及 Benefit One，這兩家公司都讓我賺到 2 倍左右的獲利（後來這兩檔股票都漲到當時股價的 10 倍以上。雖然挖到寶，但是都太早賣掉，這也是我需要反省的地方）。

　　因為我只投資現股，不做信用交易，所以才能熬過 2006 年的活力門事件，以及 2008 年雷曼風暴的股價暴跌走勢，但是也有很多原本常

在網路上股票心得的散戶投資人，都在那個時候開始不再更新文章，甚至直接關掉部落格，其中不乏從事信用交易的人，我猜他們應該都受到很大的打擊。

經過雷曼風暴，儘管日本的股票市場稍微恢復了一線生機，但我的持股還是有很多未實現的虧損。有好長一段時間都處於缺乏現金購買力的狀態，所以投資績效直到 2010 年下半年都很低迷。

投資績效乍看之下不怎麼樣，但帳面上的損益其實慢慢有所改善。再加上到了 2010 年 9 月，當時帳面虧損最多的個股 CERTO 宣布與主要經營大樓保全與清潔管理的永旺永樂業務合併後，股價一飛沖天。帳面上一口氣轉虧為盈，最終得以獲利了結的方式出場。

TECHNIQUE

65 / 100

AI 無法取代的投資智慧

2015 年，日本野村綜合研究所與英國牛津大學進行一項共同研究，試算日本國內 601 種職業被 AI 或機器人取代的機率。結論是：日本約 49% 勞動人口從事的職業，可能會在 10 年至 20 年後被 AI 或機器人取代。

在這項調查中，證券公司的基金經理人並不包含在會被 AI 搶走工作的職業裡，但是從我開始投資股票的 2002 年前後，就一直流傳著「股票投資會被運用 AI 的機械式交易取代，未來將進入散戶怎麼努力也贏不過機器人的時代」的說法。

然而，在那之後我已經投資股票將近 20 年了，從來不覺得個人的獲利輸給 AI 過。

我不確定未來究竟如何發展，但是可以想像，透過 AI 進行的交易，恐怕主要都是針對成交量較大的個股、或股價波動較劇烈個股的短

期交易。至於我所從事的中長期投資，由於不確定的要素太多了，我猜就連 AI 也很難預測。

從事中長期投資時，股價每天的波動都屬於誤差範圍，重點在於能否描繪出中長期的上漲趨勢。然而，對於專注於每天的股價波動、爭分奪秒地賺錢的當沖或波段交易者而言，AI 或許就是他們的天敵。

我的買賣是奠基在名為本益比的股價指標上，並根據自己的投資經驗，再加上長期磨練的直覺。我認為 AI 並沒有這部分的能力，這是人類才有的能力。當然，未來 AI 的精密程度還是有可能會進化到超乎想像的水準，到那個時候，現在投資股票的常識或許都行不通了。

STEP
1

STEP
2

STEP
3

STEP
4

TECHNIQUE

66/100

找出市場的隱形潛力股

在日本的股票市場中，除了東京以外，名古屋、札幌、福岡等三個城市都有證券交易所。

東京證券交易所共有將近 3800 家上市公司，在地方證券交易所上市的個股則沒有這麼多。名古屋證券交易所有 284 家公司（其中 62 家只在該證交所上市）、札幌證券交易所有 58 家公司（其中 16 家只在該證交所上市）、福岡證券交易所有 107 家公司（其中 25 家只在該證交所上市）。

除此之外，如同東證有 Mothers 和 JASDAQ 這一類的新興市場，地方的證券交易所也設置了新興市場。例如名古屋證交所的「Centrex」、札幌證交所的「Ambitious」、福岡證交所的「Q-Board」。

雖說個股數量較少，但地方上也潛藏著充滿成長性的企業。有很多中小型股，海外的投資人或法人幾乎都不會投資這些股票，所以有時候

還能找到物美價廉的雪球小型股。如果我在東證找不到便宜的個股，也會從地方的交易所挖寶買進。

宜得利控股於 1989 年在札幌證交所上市，但直到 2002 年 10 在東證一部上市前，都只在札幌上市。經營優衣庫的迅銷公司於 1994 年 7 月，先在目前已經停止交易的廣島證交所上市，1997 年 4 月才在東證二部上市。RIZAP 集團則是在札幌證交所的 Ambitious 上市，後來該集團的股價不止漲破 10 倍，有段時間甚至漲到 1,000 倍。如果能搶先一步，在這種較少為人知的證券交易所找到未來的宜得利或迅銷，別說是 10 倍股，就連 1,000 倍股也不是夢。

TECHNIQUE 67/100

飆股也可能藏在成熟產業中

提到股價漲 5 倍、10 倍的爆發性個股，或許有很多人都以為一定是誕生於 AI 或 DX（數位轉型）那種可望具有高度成長性的領域。

這些個股通常是上市沒多久的新創企業，可能從上市時的公開價格或開盤價的階段，就已經加入期望值，股價高不可攀。

我認為，即使不是 AI 或 DX 所代表的 IT 業界那種成長產業，也能從已經成熟的產業中，找到具有爆發力的個股。成熟產業很難指望整個業界都呈現高度的成長，但是在這種產業中，不存在掌握了大半的市占率、有如巨人般的大企業，而是由中小企業交雜而成。這種時候，其中有些個股可能就會出現爆發性的成長。

根據這樣的理由，我開始留意販賣二手車的產業。

據說販賣二手車的公司，在日本全國共有幾萬家門市。大部分都是小型門市，就算是業界最大的二手車公司，市占率也不到 10%。即使

二手車如此成熟的產業裡，只要往具有成長動能的第二把、第三把交椅尋找，或許就能找到具有爆發力的個股。因為門市一旦增加，營收和利潤也會等比例增加，這麼一來就有機會推升股價了。

我選擇續抱的持股 GOOD SPEED，便是一家這樣的企業。該公司每年都穩健地推出 2 至 3 家大型門市，假設每年都能增加 2 家店，5 年會增加 10 家店、10 年就會增加 20 家店，所以營收或許也會等比例地成長到 500 億日圓、1,000 億日圓。

為了在成熟產業中找出具有爆發力的個股，選擇營收會隨分店數量增加成長的企業，是最簡單也最有效的方法。

TECHNIQUE

68/100

為什麼不該投資餐飲、成衣零售業？

　　我擅長投資有經常性收入的個股，所以不太會投資餐飲或成衣業等一次性的零售業。

　　零售業在以飛快的速度展店、擴大經營規模的階段，營收及利潤都成長可期，所以很容易吸引投資人的眼光。曾以飛快速度在日本各地推出連鎖牛排專賣店「IKINARI STEAK」、勢如破竹的胡椒餐飲服務公司（Pepper Food Service），就是最典型的例子。

　　投資之神華倫・巴菲特曾說過，應該要投資行業具有高門檻（原文為「wide moat」，直譯為「護城河」）的個股。零售業的進入門檻通常不高，所以很容易在同一個商圈內與自家公司、別家公司競爭。不僅如此，還具有「一旦上軌道，就很容易被同業模仿」的弱點。

　　因此，當高速展店的態勢告一段落後，其成長態勢也隨現有門市的營收增減而蒙上陰影——這樣的狀況屢見不鮮。為了截長補短，現有店

鋪的營收就得一直超過 100%，我認為這是不太可能做到的。

零售業通常每個月都會公布業績，因此投資人的心情，很容易隨每個月的營收變化而幾家歡樂幾家愁。身為上班族，萬一太在乎營收變化，無法專心工作，長久下來也不是辦法。這也是在投資預期會有穩定營收、具有經常性收入的企業時，不會出現的煩惱。

但反過來說，每個月都公布營收的企業相對透明，也比較容易預測業績的變化。如果各位有信心能掌握住這樣的變化、進行機動性投資，其實還是可以投資零售業。只是我個人比較擅長對有經常性收入的雪球小型股，進行中長期投資，所以今後，我對於零售業的投資還是會小心為上。

TECHNIQUE

市場過熱時,就抓不到雪球小型股──誰說的?

2021 年的日本股票市場曾經突破 3 萬點大關,創下泡沫經濟破滅以來的最高點,呈現另一種「新冠泡沫」。當我接受財經雜誌的採訪時,記者曾直截了當地問我:「股市現在漲成這樣,很難再找出低價股吧?」

光看日經平均股價指數或東證一部的股價,確實會擔心股市似乎過熱了,但仔細觀察每檔個股,倒也不是真的那麼貴,感覺比較像是資金全部集中在某些有潛力的個股上。

尤其是新興市場的股票,資金主要都集中在 AI 或 DX 等成長產業的個股上,除此之外其實還有很多尚未受到矚目、仍可望高度成長的個股。

以我在撰寫本書的時間點來看,目前我列入觀察名單的個股,包含以企業為主要客戶,提供家具、生活用品、設備等租借服務的 Koyou

Rentia；以關西電力及日本生命為股東、主要客戶，為企業提供物流服務的 HIGASHI TWENTY ONE 等。

倘若無法立刻找到符合我的標準（本益比 15 倍以下、收益呈現持續增加趨勢）的個股，我會放寬標準，將本益比 20 倍以下的成長股也列入觀察清單裡。期待這些個股下跌，靜待股價落到可以購買的價格水準。

即使找到很多雪球小型股，大概也沒有那麼充裕的資金可以全部投資。所以只要找到 1 到 2 檔讓你覺得「就是這個！」的個股就行了。

要是找不到便宜的個股，投資人可能就會沉不住氣，將標準降低到本益比 30 倍以下、40 倍以下……結果買在高點。所以請不要著急，更不要妥協。

STEP
1

STEP
2

STEP
3

STEP
4

TECHNIQUE 70/100

掌握股價的「二次探底」

「二次探底的股票，要偷偷買。」這是流傳於股市的其中一句投資格言。

股價暴跌時，最先落底的低點稱為「一次探底」。在那之後股價會先反彈一波，然後再度下跌，跌到更低的水準，稱為「二次探底」。當股價二次探底，通常就是真正的低點，所以上述的格言，是教我們要在這個時間點買進。

2020 年 3 月，新冠疫情席捲全球，日經平均股價指數暴跌至16,000 點大關。即使在 3 月下旬的反彈局面，我也不敢躁進，擔心有二次探底的風險。但是遲遲沒有等到二次探底，日經平均股價指數一路 V形反轉，創下泡沫經濟破滅以來的最高點。

過去發生雷曼風暴、311 大地震導致股價暴跌時，我因為缺乏現金購買力，就算看到便宜的個股也買不了。所以這次事先將現金購買力增

加到七成左右，結果竟然派不上用場，這點也令我深刻地反省。

　　雖然為時已晚，但我仍透過這場疫情學習到一件事，那就是「未雨綢繆」的心態，也適用於股票市場。2020 年 3 月，經歷過新冠疫情引發之暴跌震撼的投資人，可說是在這波暴跌中，獲得了承受利空消息的免疫力，因此得以在之後第二波、第三波、第四波大浪來襲時，採取「未雨綢繆」的行動。

　　投資久了，難免會經歷不止一次的暴跌走勢。雖然我在疫情最嚴重的時候沒有等到二次探底，錯失了買進低價股的好機會。但那也只是「機會損失」，股票資產並沒有真的大幅度縮水。接下來，只要把「未雨綢繆」這句話記在腦子裡，保留現金購買力，隨時準備抓住二次探底的機會就行了。

TECHNIQUE

71
100

參加 IPO 詢價圈購，
要鎖定高單價個股

　　我主要使用的 SBI 證券，是專門提供網路下單的證券公司，所以不難想像會有很多積極投資的散戶投資人。

　　參加 IPO 詢價圈購的感覺，就好比買樂透——低風險卻高報酬，但是在競爭對手眾多的 SBI 證券，中籤機率想必很低。儘管如此，因為 SBI 證券有所謂的「IPO 挑戰集點」，我還是會用 SBI 證券參加 IPO 詢價圈購。

　　SBI 證券會根據抽籤、沒抽中的次數，加計「IPO 挑戰集點」，一次一點。下次抽籤時使用那些點數，就能提升抽中的機率。即使沒抽中也值得繼續參加，因此我的證券戶頭已經累積了將近 600 點的積點。

　　我只會把珍貴的點數，用在新股發行價格為每單位 30 萬～ 40 萬日圓這種比較高單價的個股上。一旦找到讓我覺得「就是它了！」的股票，就砸下所有累積的點數，以提高中籤的機率。

正因為參加者眾多，會降低抽中股票的機率，所以更應該努力思考，在抽中後如何多賺一點是一點。假設發行價為 10 萬日圓的個股，開盤價漲了 3 倍，也就是 30 萬日圓，那麼頂多只有 20 萬日圓的獲利；但如果發行價為 40 萬日圓的個股，開盤價漲了 3 倍，變成 120 萬日圓，就有 80 萬日圓的獲利。

參加詢價圈購時，如果因為資金有限，無法同時抽幾檔股票，那麼不妨像我這樣，選擇每單位股價較高的個股，就能擴大中籤時的獲利。

TECHNIQUE
72/100
物流產業大有可為

　　我從以前就很關注承包業務（外包）的公司，其中提供 3PL（第三方物流）服務的物流企業，這幾年來的成長性尤其吸引我的目光。

　　由自家公司負責處理物流業務稱之為「第一方物流」；將配送或倉儲等部分委外管理的稱為「第二方物流」；3PL 則是指企業將全部或部分的物流功能外包的形態。最近還出現了 4PL（第四方物流），意指提供包括物流業務的相關知識技術在內的各項服務。

　　對零售業或網路銷售業而言，絕對不能少了配送商品的物流網。以前多半是自己就有倉庫和員工，只委託貨運公司配送商品，即便如此，商品的保管及物流仍會產生很大的成本。但是如果要像亞馬遜那樣，從倉庫到配送網全部自己建立，又需要龐大的資金與時間，就連大企業也力有未逮，這時 3PL 就應運而生了。

　　只要善用 3PL，就能從倉儲業務到商品配送，將所有的物流業務全

都委託給外面的公司代勞，零售業及網路銷售業將不用花費任何心思在商品的物流上。再加上消費者可以利用由 3PL 業者所擁有、簽約的倉庫，所以也不需要花錢自己蓋倉庫。

我投資的 HIGASHI TWENTY ONE，正致力於擴大 3PL 的承包業務。2020 年 12 月才剛上市的 BeingGroup 控股也以 3PL 事業為主力，我認為是很有潛力的個股。

人手不足是物流業界的問題，所以物流概念股在股票市場不見得很受歡迎，但基於上述理由，我今後也會持續關注 3PL 個股。

TECHNIQUE

拓展自己的守備範圍——
但也別貪心

我比較擅長日本股票的中長期投資，但是除此之外，我還投資過美股、中國股票、越南股票。除了投資股票以外，我也挑戰過 FX（外匯保證金交易）。但是除了日本股票以外，投資什麼都不順利，全都以賠錢收場，所以我早早就撤退了。

投資美股等外國股票時，因為有語言隔閡，無論如何都沒辦法跟日本企業一樣，在第一時間得知該企業具有多大的競爭力與成長性。最近瀏覽器的翻譯功能雖然日新月異，還是很難取得跟日本股票一樣齊全的投資人關係等資料。我買外國股票的時候，根本不曉得什麼時候該賣，放著不管的結果，就是被迫停損。

至於 FX 的投資情形又是如何呢？ 2008 年雷曼風暴時，我賣掉低利率的日圓，買進高利率的澳幣等貨幣，試圖以換匯點數（意指由兩國之間的利差得到利益）的方式獲利。不料我完全看錯方向，日圓對澳幣強勢升值，最後在帳面虧損高達 100 萬日圓的階段停損。從此以後我再

也不敢碰 FX 了。

　　上網搜尋投資訊息時，會看到各式各樣的意見，像是美國的高配息股很好、投資 FX 會賺大錢、接下來是加密資產（虛擬貨幣）的時代等等。如果沒有自己的一套準則，很容易被這些訊息搞得暈頭轉向，但即使出於好奇投資自己不熟悉的領域，也很難複製別人的成功經驗。

　　與其什麼都想試試看，不如確立一套屬於自己的投資心法，從錯誤中學習，藉此提升經驗值，培養自己擅長的領域比較好。我認為自己就是因為專注擅長的領域，十年磨一劍，才能交出漂亮的投資成績單。

TECHNIQUE

74 / 100

別為了配股配息而投資

我在上班之餘開始投資股票時，曾經想過等我累積到 2 億日圓的資產，就要把其中一半，也就是 1 億日圓，拿來買殖利率 4% 的高配息個股，每年就能有 400 萬日圓的被動收入。

然而後來當我累積了投資經驗，即使資產已經超過 2 億日圓，也不曾為了配股配息（利息收入）而投資。理由如下。

第一個原因，是我比較擅長投資賺價差（資本利得）的股票。

我這 20 年來都致力於投資能賺到價差的股票，也因此得以建立起 2 億日圓的資產。這表示賺價差的投資手法很適合我。只要今後繼續用我擅長的手法投資，或許有機會讓資產增加到 3 億日圓、5 億日圓也說不定。

我認為當自己還能在擅長的領域百戰百勝時，最好不要隨便改變做法。就算改弦易轍，開始投資不熟悉的高配息股，也不見得能維持跟過

去一樣的投資績效。

　　第二個原因，是即使分散投資 10 檔殖利率 4%的個股、每檔 1000 萬日圓，自己可能也無法擺脫身為成長型投資人的天性。

　　即使配股配息並沒有大幅縮水，可是當持股的業績出現利空消息，導致股價下跌，我大概會很想停損。反之，當業績成長，股價一飛沖天，我可能就想停利了。後者還好，如果 10 檔持股的股價都下跌 20 ～ 30%，帳面上出現上千萬日圓的未實現虧損，我肯定會大受打擊吧。

　　話說回來，要撥 1 億日圓的資產去投資高股息的股票，其實需要相當大的勇氣。如果當股市一直維持在 2021 年那麼高價位的水準時，我會覺得不應該為了配股配息而投資。

TECHNIQUE

為什麼人口減少，
反而有利於股市交易？

日本的總人口從 2008 年開始轉為減少的狀態。根據美國華盛頓大學的預估，2050 年前後將剩下不到 1 億人，2100 年則會減少到現在的一半以下，也就是 6,000 萬人。

隨著少子高齡化加劇，「勞動人口」（15 ～ 64 歲）的減少速度將遠高於人口減少的速度，2020 年還有 7,482 萬人，到了 2050 年預估只剩下 5,366 萬人，減少 2,000 萬人以上。

像日本這樣，總人口與勞動人口持續減少的國家，除非在海外找出活路，否則企業勢必要面臨縮編、轉型的問題。在這種情況下，到底該不該繼續投資這樣的個股呢？

我個人認為，至少在個股方面，應該繼續積極地投資本國股票，而非美股等國外股票。在人口減少的影響下，國內市場固然會縮小，但肯定也存在著無懼逆境、持續奮力成長的產業及企業。只要找出那些企業

來投資就行了。

　　總人口和工作年齡人口都不是某一天突然減少，而是慢慢呈現減少的趨勢。因此投資環境的變化也會是緩慢地進行。從事中長期投資時，多半能預估到 3 年後的狀況，所以應該能因應這樣的變化，採取適當的行動。在我生活的環境中，雖然也有很多日本人悲觀地認為「日本要完了」「日本股票已經不行了」，但是大可不必把這種言論放在心上。

　　不過，我投資的基金已經排除本國股票，只投資包括美股在內的海外金融商品。因為我認為以 20 ～ 30 年的超長期持有為前提的基金，只投資本國股票的話，風險太大了。

　　我的想法是，本國市場可以進行中長期的個股投資，但是並不適合基金等超長期的資產運用。

TECHNIQUE

76/100

預測股市走向時，
要稍微悲觀點

日本知名企業家稻盛和夫先生有句名言：「樂觀地構想；悲觀地計畫；樂觀地實行。」然而另一方面，曾在日本陸軍擔任參謀、戰後從事伊藤忠商事顧問等職的瀨島龍三先生，則說過：「要悲觀地準備、樂觀地面對。」

太悲觀或太樂觀都不好，但我對股市永遠抱持著悲觀的態度。我在部落格中經常預測今後的股市走勢，但我的預測總是很悲觀。

回頭想想，2017 年的時候，我認為安倍經濟學的行情快完蛋了；2019 年的時候，我認為東京奧運相關之投資活動告一段落、再加上要提高消費稅，景氣大概會陷入倒退的狀態。然後是 2020 年，新冠疫情席捲全球，政府發布第一次緊急事態宣言後，股市一度跌深反彈，當時我也認為應該會再度惡化，二次探底。

就結果來說，這種悲觀的預測固然是我看走眼了，但也拜我的悲觀

所賜，我得以一直保留充裕的現金購買力。因此這幾年股票資產成長的速度雖然沒有往年那麼強勁，但是在 2020 年 3 月，股票市場幾乎被新冠疫情拖垮時，我也完美地避開了恐慌性賣壓。因為我總是做好悲觀的心理準備，已經「未雨綢繆」股票市場的下跌了。

有人會樂觀地認為：「今後在量化寬鬆政策的影響下，日本將迎來真正的泡沫經濟！」「日經平均股價指數會漲到 4 萬點！」但如果對行情太過樂觀，押上證券戶頭裡的全部資產，萬一股價走勢不如自己想的那麼樂觀，可能會蒙受巨大的損失。為了不要被洗出場，請各位保護好自己的資產，對行情的預測要永遠提高警覺。略微悲觀，才是剛剛好的心態。

STEP
1

STEP
2

STEP
3

STEP
4

避免通膨風險，
最好也投資黃金

投資時，最好選擇自己擅長的領域，而我擅長的領域就是對雪球小型股進行中長期投資。除此之外，考慮到將來的通貨膨脹（物價上漲，貨幣價值下降）風險，我也投資黃金。因為黃金是公認可以對抗通膨的金融商品。

以日本為例，每月定期定額購買黃金的「純金積立」與「黃金ETF」（指數型股票基金）都是投資黃金的方法，我兩種都有做。[6]

純金積立的買賣收益如果不到 50 萬日圓，既不需要申報，也不用課稅。但如果超過 50 萬日圓，就要課徵綜合所得稅，與其他所得合併計算，採「累進稅制」。

有免稅額固然可喜，但是也要考慮到通貨膨脹時，黃金的價格會漲成現在的好幾倍。如此一來就必須繳所得稅，視金額大小，可能將近一半的獲利都得上繳國庫也說不定。

　　黃金 ETF 跟股票一樣，屬於「申告分離課稅」，對買賣收益徵收的稅金固定為 20.315％。買賣黃金 ETF 的手續費也很低，但是跟投資基金一樣，都要付管理費。

　　純金積立買進時的手續費稍微貴一點，但不像黃金 ETF 那樣要收管理費。

　　如果是在 50 萬日圓的免稅額內，打算長期持有的做法，我建議採用純金積立，如果要短期買賣，那麼黃金 ETF 的買賣手續費比較便宜，對投資人比較有利。

6　編註：目前台灣常見的黃金投資方式，可分為「實體黃金」「黃金現貨」「黃金存摺」「黃金 ETF」「黃金期貨」。

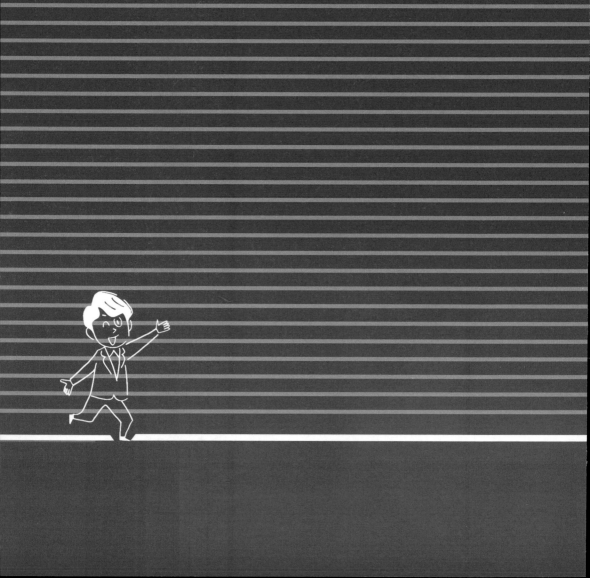

助你達成財務自由的投資心法

TECHNIQUE

景氣好壞，各有不同買股策略

2008 年的雷曼風暴，導致全球景氣陷入低迷，日本以製造業首當其衝，相關產業停止雇用或不再與派遣人員續約，形成嚴重的社會問題。與此同時，派遣業及外包業務相關的個股業績惡化，股價下跌。

然而，派遣業及外包業務相關個股都具有不需要投資設備、屬於勞力密集型產業的特徵，因此大部分都沒有倒閉，撐過了不景氣的時期。當時我買進了 MANUFACTURING SERVICE（現 nms 控股公司）這家承包商的股票，在股價漲到 2 倍時獲利了結。

有些派遣業及外包業務相關個股在雷曼風暴打完底後，股價後來漲了 50 倍。因此當出現像新冠疫情這樣席捲全球的重大事件時，我認為，耐心等待派遣業及外包業務相關個股的股價下跌，找出財務體質穩健——例如持有很多現金，不容易破產的個股來投資，這也不失為好辦法。一旦失業率上升，提高派遣及外包的需求，股價或許就能像雷曼風暴後那樣回升。

　　相反地，當景氣好轉，景氣循環股的業績通常都很亮眼、股價也因此一去不回頭，這時再投資，可能就會買在高點。鋼鐵、化學、紙漿等原料產業或作業機具等設備投資業，都是景氣循環股。

　　如果要在景氣好的時候買股票，就要買業績不容易受景氣波動影響的個股。這是因為萬一景氣衰退，對業績的影響也微乎其微，股價下跌的幅度將沒有景氣循環股那麼大。因此可以從長計議，判斷是要續抱，還是停損，好增加現金水位。

　　長照及喪葬概念股，或是以折扣為賣點的零售業，都是比較不容易受景氣波動影響的產業。只不過，景氣好壞通常會不斷循環，所以難就難在冷靜地判斷目前的景氣狀況。

STEP
1

STEP
2

STEP
3

STEP
4

TECHNIQUE

78/100

魚頭和魚尾留給別人吃

　　要是能買在股價的最低點（魚頭），賣在股價的最高點（魚尾），就能得到最大的價差獲利。

　　如果能從魚頭吃到魚尾，當然是再好不過，但實際上，投資人幾乎不可能吃到整條魚。首先，誰也不曉得哪裡才是底部。股價的底部永遠都是事後才知道。

　　各位或許會幻想：雷曼風暴來襲時，如果能買在底部，肯定能賺錢；疫情來臨時，如果能買在底部，肯定能賺錢──但這些都是事後回頭看才知道的事。當股價暴跌處於現在進行式時，就連經驗豐富的證券分析師也無法判斷：現在就是底部，還是股價會繼續下跌？所以要耐心等待「二次探底」。

　　我在 2002 年開始投資股票，當時剛好是日經平均股價指數自泡沫經濟結束以來的最低點。大家都想在景氣衰退時開始投資股票，問題是

誰也不曉得股價從打底到反轉要花多少時間。有時候半年就反轉了，有時則需要好幾年才會反轉。

從底部反轉到一飛沖天的過程中，各位又是否能一直抱住呢？如果忘記自己買過這張股票則另當別論，但如果有在關心股價，往往會承受不了壓力而賣掉，產生巨大的帳面虧損。

如同我們不知道要跌到哪裡才是底部，面對高點，投資人通常也是事後諸葛地發現：「原來當時那個價位就是天花板了。」

請抱著「魚頭和魚尾留給別人吃」的心情來投資股票。即使不能買在最低點、賣在最高點，只要買進便宜的個股，進行中長期投資即可。

TECHNIQUE

79 / 100

出現利空消息時，
要續抱或停損？

我投資的時候，會事先為股票描繪出一套劇本，例如「這檔股票大概會以這種方式上漲○％左右」。

因此，如果出現預估業績即將向下修正等會讓劇本出現破綻的利空消息，基本上我都會毫不猶豫地停損。那麼，假如業績沒什麼大問題，企業卻發生醜聞的話，該怎麼辦才好呢？以下為各位舉例說明。

2019 年，我的持股 ARTERIA Networks Corporation 上市後沒多久，就有員工舉發該公司違反公平交易法，董事長宣布辭職。股價一路殺到跌停（漲跌幅限制的下限）。上市時原本為 1,200 日圓左右的股價，跌到 1,000 日圓左右。

但我當時並未停損。因為該公司主要對企業、社區提供光纖網路通訊服務，以獲取穩定收益；而我判斷這件醜聞對於有經常性收入的企業影響不大。且股價已經跌到殖利率快達到 5% 的水準，等騷動告一段

落，股價大概就會漲回來了。所以我不但沒有賣，反而趁下跌時加碼。

　　就結果而言，雖然發生了醜聞，但業績本身並沒有受到影響，股價一路漲到 2000 日圓以上。我在股價漲將近 2 倍時獲利了結。

　　當然也有失敗的例子。京東是一家經營電子商務的中國企業，也是在美國納斯達克上市的美股。受到創辦人的醜聞衝擊，我才買進沒多久，股價就重挫。我認為該公司的業績今後應該還會保持高度成長，所以即使面臨帳面虧損仍選擇續抱，但最後還是在美國股市整體呈現盤整的狀態時停損，賠了超過 200 萬日圓。

　　這是我投資個股最大的損失，付出了昂貴的學費，但也得到寶貴的教訓，那就是不要輕易對不清楚內幕的外國股票出手。

TECHNIQUE

鎖定被低估的
新興產業股

　　我的投資標的多半是已發行普通股數比較少、市值規模不大的中小型股。而這些中小型股，主要在東證 Mothers 等新興市場上市。

　　這些新興市場的股票，大部分都具有「當東證 Mothers 指數大幅滑落，股價也會跟著下挫」的傾向。

　　相對之下，東證一部集結眾多已發行普通股數較多、市值也較大的大型股，即使日經平均股價指數下跌，這些個股也比較不容易受到影響，也就是不容易被景氣變動或市場的消息面（股價波動）左右的「防禦股」。具體來說有醫藥、食品、電力、瓦斯等相關個股。

　　另一方面，東證 Mothers 的個股則是以科技類的新創企業為主，幾乎沒有所謂的防禦股。由於散戶投資人比法人多，即使個股的業績及成長性並未出現利空消息，股價還是很容易被 Mothers 指數的下跌拖累。

　　這對業績一直很亮眼的成長企業而言，實在是無妄之災，但是對投

資人來說，可以利用下跌的機會，以便宜的價格買進優良的成長股，簡直是跳樓大拍賣。

東證 Mothers 也有本益比高達 50～100 倍的個股。尤其是具有高度話題性的 AI 或 DX 概念股，有些個股自從上市以來，就一直處於股價居高不下的狀態。

本益比 50～100 倍的個股絕對稱不上便宜，但是在 Mothers 指數回檔下跌時，這些昂貴的個股也會隨之重挫，跌到本益比只剩下 15～20 倍。股價昂貴的概念股通常不在我的投資對象內，但如果是明明看好其業績及成長性，卻因為「本益比為 50 倍，實在買不下手」而望之興嘆的個股，當本益比跌到鎖定的範圍內，正是買進的良機。

TECHNIQUE

81 / 100

為什麼該避開生技、製藥概念股？

2020 年 12 月，我利用 SBI 證券參加 IPO 詢價圈購，抽中了 300 股 FunPep 的股票。

當時，我一一完成申購及後補程序，卻直到我收到 SBI 證券的訊息，通知我候補到這檔股票時，才發現這是檔生技、製藥概念股。

我通常不會投資生技、製藥概念股。

這是因為，與生技、製藥有關的企業，從投資創業到開始獲利，通常需要經歷漫長的時光，有些甚至會不斷產生巨額的赤字。為了彌補財務上的缺口、向股票市場籌措資金來投資而上市的案例，在所多有。

IPO 個股為了爭取上市的門票，都會竭盡所能地強調未來具有很高的成長性，但辛辛苦苦開發出來的新藥，到底能不能得到市場的認同、變成「會下金蛋的母雞」，則還是未知數。而且像我這種散戶投資人，根本無從預測新藥能不能得到市場認同。唯有業績沒有出現赤字，計

算本益比（目前的股價 ÷ 每股盈餘）才有意義，所以淨利為赤字的生技、製藥概念股，根本不在我的考慮範圍之內，當然也不可能視為 IPO 詢價圈購的對象。

由此可知，生技、製藥概念股當下的業績通常都不會太好，很多投資人都是抽到股票就馬上賣掉，因此開盤價低於公開發行的價格，導致賠錢的機率很高。

話雖如此，等到申購結束才發現是生技、製藥概念股，也來不及了。當時我只能祈禱上市當天不要跌破發行價，結果上市當天，答案揭曉時，相較於 650 日圓的公開發行價，開盤價漲了 10％，來到 715 日圓，幸運地在賺了 18,000 日圓的情況下全身而退。順帶一提，後來 FunPep 的股價截至 2021 年 5 月底為止，仍持續在低檔徘徊。

TECHNIQUE

82/100

有經常性收入的企業，
不一定值得投資

　　有經常性收入的企業是我的投資重點，但是自從新冠疫情爆發後，有經常性收入的企業也開始有好壞之分。

　　像我投資的 Premium Group，即使在 2020 年，政府發布第一次緊急事態宣言時，營收也沒有下降。Premium Group 的主要業務是中古車的汽車貸款與保固業務，屬於有經常性收入的企業。儘管因為不能出門的關係，新客戶減少、新契約件數也跟著減少，幸好因為以前簽約的客戶仍提供分期付款的營收，所以短期內不至於暴跌。

　　即使同樣都是有經常性收入的企業，運輸業及健身產業卻因為疫情受到重大的打擊。

　　如果是大都市的鐵路公司，大部分運費收入都仰賴月票。月票是很穩定的收入來源，但自從疫情爆發後，人們減少外出，再加上公司紛紛採行遠距工作，通勤人口大量減少，導致月票收入大減。經此一役，辦

公室集中在市中心、所有人都擠到市中心工作的生活形態，可能會發生改變，等到疫情穩定下來，月票收入可能也很難恢復以前的水準。

日本政府在 2020 年發布第一次緊急事態宣言時，健身房被迫停業，營收呈現斷崖式下降。在那之後也普遍招收不到新會員，另一方面則不斷有人解約或請假，導致營收遲遲無法恢復正常。在社會進入高齡化、人們越來越重視健康的背景下，我認為可以定期從會員身上收取會費的健身產業，是很穩健的具有經常性收入的企業，萬萬沒想到會被突如其來的疫情搞得人仰馬翻。不同於運輸業，從長遠的角度來看，健身產業或許有機會恢復往日榮景，但目前還不確定疫情以後會怎麼發展，所以暫時不考慮投資這類個股。

STEP
1

STEP
2

STEP
3

STEP
4

TECHNIQUE

83
/100

股價線圖僅供參考

　　我不會仔細地分析股價線圖。雖然也有很擅長分析股價線圖的投資人，但「技術分析」並不是我的拿手領域。既然不拿手，就不用特地去分析了。再說，我認為仔細地分析股價線圖，也不見得能獲利。

　　在檢查股價線圖的重點，我頂多只會觀察「黃金交叉」「死亡交叉」及「三角收斂」。

　　黃金交叉與死亡交叉是利用「移動平均線」判斷買進與賣出的時機。所謂移動平均線，是把一定期間內的收盤價平均值連成一條線，分成短期、中期、長期等三種形態。

　　黃金交叉是指股價大跌後，短期移動平均線由下往上交叉，突破長期移動平均線。這被視為股價轉強的訊號，一般情況都用來表示買進股票的時機。

　　相反地，死亡交叉是指股價大漲後，短期移動平均線由上往下交叉

突破長期移動平均線；被視為股價轉弱的訊號，一般情況都用來表示賣出股票的時機。

黃金交叉與死亡交叉的交叉角度越小，表示可信度越高；角度越大表示可信度越低。

三角收斂的「三角」，是指股價上漲與下跌的幅度漸漸縮小，把線圖的高點與低點連起來的形狀趨近於三角形的形態。「收斂」則是指股價的漲跌幅持續在一定範圍內波動的狀態。一旦出現三角收斂，就表示股價很容易在頂點大幅波動。

不管怎樣，我都不會只分析上述的股價線圖就做出投資判斷。股價線圖頂多只能用來參考。

TECHNIQUE

84／100

別買大家都在討論的話題股

股票市場會出現所謂的「話題股」。近年來，有「AI」「DX」「金融科技」「CASE」這些關鍵字的個股，都是所謂的話題股。

話題股受到所有人的關注，大家都在期待股價推升，但我盡量不碰話題股。因為大部分的話題股在掀起話題的時候，通常已經被捧上天了，股價很可能也漲了一大段。除非業績與市場都有腳踏實地的成長，否則當世人的矚目移到別的個股，股價可能會一口氣下墜。

新冠疫情席捲全球時，也出現許多話題股。例如與外帶外送有關的概念股，就因為越來越多人被迫關在家裡而成了話題股。生產設計食品容器的 FP Corporation，就是一個最好的例子。但即使注意到這種個股的存在，以買進的時機而言恐怕也都已經太遲了。

我不投資話題股還有一個原因，那就是投資標的有限。要從多如繁星的個股中挑選投資標的，固然很不容易，但是如果鎖定某個主題，範

圍又太狹窄了。如果硬要依主題尋找投資標的，各位可能會因此妥協：「沒有其他選擇了，雖然本益比很高，但還是買吧。」

不過，如果可以趕在大部分投資人還沒有注意到前，先發現將來有潛力的個股的話，就應該積極地投資。

內人曾經說過：「戀愛冒險遊戲『歌之☆王子殿下♪』很流行，即將推出第二季動畫，我猜負責開發這款遊戲的 Broccoli 業績應該會很好。」我當時沒反應過來，所以沒有投資，沒想到 Broccoli 的股價後來漲到 10 倍以上，早知道就該聽老婆的話。

TECHNIQUE

85/100

盤整或回檔時，
莫急莫慌莫害怕

　　股票市場會定期進入「盤整、回檔」的局面。所謂盤整或回檔，指的是原本漲不停的股價放慢上漲的速度，甚至轉為下跌的趨勢。

　　一旦進入盤整或回檔的局勢，投資人經常會以為「現在正是買進的時機！」但股市在那之後可能還會繼續下跌。即使同樣都是盤整或回檔，有時候 1 星期就結束了，有時候 1 星期才剛開始，跌跌不休、連續跌個好幾年的情況也不是沒發生過。至於究竟多久才會結束盤整或回檔，老實說「只有天曉得」。

　　股價就像生物一樣難以捉摸。有時一天就跌了 5%，投資人還以為機不可失，興沖沖地買進垂涎已久的個股，沒想到之後一路下滑，直至出現帳面虧損。所以千萬不要對以天為單位的短期股價波動反應過度。

　　對於因為「相信是雪球小型股而買進」的個股，即使股市進入盤整或回檔的局面，只要該個股原本的商業模式及業務仍保持成長曲線，就

算帳面上有一些虧損也要續抱，不要貿然停損。

2008 年發生雷曼風暴時，當時我認為是雪球小型股而持有的 CERTO（現為永旺永樂）股價下跌，光這檔個股就產生好幾百萬的帳面虧損。但該公司的商業模式並沒有受到破壞，收益依然持續增加，所以我並沒有停損，選擇續抱。後來國內擺脫雷曼風暴的陰影，景氣復甦，股價回升，停利時讓我賺了 350 萬日圓。

如果在缺乏現金購買力的情況下，面對帳面虧損在盤整或回檔時持續擴大的狀況，證券戶頭內的資產可能會大幅縮水。這時即使投資標的的本業沒有問題，可能也要考慮先認賠未實現損失太多的個股，換回現金，以免資產不斷減少。為了避免落入這步田地，隨時擁有充足的現金購買力很重要。

TECHNIQUE 86/100

別買熱門的超級績優股

　　股票市場中，具有高度獲利能力的企業被視為績優股，廣受各國投資人青睞；獲利能力較差的企業則乏人問津。

　　生產感應器及自動控制機器的大企業基恩斯，以及製造醫療用儀器的 Mani 等，都是具有代表性的績優股。兩者都擁有極高的營業利益率，受到外資及法人極高的評價。

　　但上述績優股備受好評的同時，股價也高不可攀，本益比被墊得很高。Mani 和基恩斯的本益比都超過 60 倍（2021 年 5 月底）。投資雪球小型股的基本心法在於即使業績再亮眼、成長性再高，也要找出股價還沒有跟上的低本益比個股。高本益比的績優股，打從一開始就不是我的投資對象。

　　利益率很高、已經得到肯定的個股，除非能創下更高的利益率，在維持、提升利益率的同時，營收也能持續成長，否則難以指望股價

上漲。但以上這些門檻都太高了，但凡優於競爭對手的競爭力稍見衰退，利益率就會降低。如此一來，當股價顯然過熱，已經漲了一大波的股票，跌起來肯定也很驚人（但是像基恩斯或 Mani 這種極為優秀的企業，以上的擔心往往只是杞人憂天……）。

我傾向於選擇即使目前的利益率看起來並不高，仍處於收益持續增加趨勢的成長型企業，而非以上這些績優股。因為透過業務成長及企業本身的努力，利益率成長的空間相當大，過去得不到股價指標青睞的部分，反而會成為推升股價的主要動力。

一般而言，大部分的散戶投資人都是選擇家喻戶曉的績優股進行投資，我的意見或許屬於少數派，但也正因為採取與其他投資大眾背道而馳的投資行為，才能賺大錢——這也是不可否認的事實。

TECHNIQUE

87/100

新興市場的股票交易，
要注意流動性

　　我的投資標的多半是在東證 Mothers 或 JASDAQ 等新興市場上市的個股，但投資新興市場的股票也有風險。因為積極進出的投資人有限（稱為「流動性低」），一旦聽到什麼利空消息，可能會陷入「想賣也賣不掉」的窘境。

　　我過去也有過慘痛的失敗教訓。

　　當時我的持股——經營不動產買賣及仲介的 HouseFreedom，宣布配息大幅減少時，股價急跌，一摔就摔到跌停板。我決心立刻認賠殺出，但根本沒有人要接手，處於想賣也賣不掉的狀況，後來連續跌停好幾天，好不容易脫手時，已經損失了 100 萬日圓以上。

　　即使有過這樣的經驗，我還是認為散戶投資人如果因為介意新興市場的流動性太低，而不敢投資的話，其實也不是好事。雪球小型股就是因為沒人要才會那麼便宜，流動性較低，可以說是雪球小型股的宿命。

就算是成交量少、缺乏流動性的個股，只要符合自己的投資標準，夠吸引人的話，不妨趕在受到矚目，其他投資人爭相購買前，在便宜的階段先行買進。能這樣見機行事，也是包袱沒有法人那麼重的散戶投資人才有的優勢。

HouseFreedom 是在福岡證券交易所的新興市場 Q-Board 上市的個股，因為我的持股太多，想賣的時候也沒有人能接手。然而，同樣是新興市場，如果是成交量相對比較大的東證 Mothers 或 JASDAQ，每檔個股都有 100 萬～ 200 萬日圓的交易量，或許就比較不用擔心陷入想賣也賣不掉的狀況。

TECHNIQUE

美股要買基金，
而非個股

如今，投資美股的散戶投資人與日俱增。美國的股票市場聚集了來自世界各地的資金，規模堪稱全球最大，成長性也不容小覷。日本的投資人都在尋找未來的 10 倍股，但其實美國也有很多成長性更高的個股。舉例來說，Amazon 在 1997 年上市的時候，1 股只有 1.73 美元，但是現在的股價高達 3,328 美元，漲了 1,923 倍以上（2021 年 7 月 30 日）。

我也覺得美股的成長性很迷人，卻並沒有正式投資美國股票。這是因為，跟大部分日本人一樣，我的英語不怎麼樣，無法正確掌握美國經濟及股票市場的方向、企業的動向等等。即使想買美股（個股），也不曉得該在哪個時間點買進、哪個時間點賣出，而這點至關重要。

2020 年，美國有檔名叫 Rocket Companies Inc（RKT）的個股上市，我在當時買過這檔股票。順帶一提，這家公司並非製作火箭的公司，而是房屋貸款公司。由於這檔股票在推特上引起話題，我認為「就

算賠錢也沒關係」，基於學習的心態買進。股價一度上漲，但我不知道要在幾％的時候停利。抱著不懂的股票令我備感壓力，所以沒多久就賣掉了。儘管賺到價差，卻毫無成就感，總覺得後悔買進這檔股票。

基於上述的背景，我只用公司幫我存的企業型確定提撥制年金，以及證券戶頭的基金額度投資美股，而且是購買分散投資於美股的基金，間接地投資美國股票。

如果我對美股也像對日股那樣有足夠深入的理解，那我想我應該打從一開始就會投資美股。

TECHNIQUE

沒人要的個股，
才是真正的雪球小型股

2021 年上半年，隨著股價在疫情風暴中處於上漲趨勢，AI 及 DX 的概念股非常搶手，推升了這些股票的股價。

另一方面，我偏好投資長照產業的雪球小型股，則依然乏人問津、遠遠落後於股價上漲的趨勢。我也曾懷疑自己，繼續持有這些乏人問津，股價始終不見上漲訊號的個股，是不是正確的選擇。

但也正因為雪球小型股乏人問津，即使業績出色也沒人發現、一直躲在陰暗的角落，才會那麼便宜。既然要投資雪球小型股，就不能因為市場的上漲趨勢沒有反映在股價上，而感到心浮氣躁。

那些股價幾乎與日經平均股價指數連動、業績亮眼且持續上漲的個股，大部分的投資人都會計算獲利了結的時機。

如同 2021 年上半年那樣，當整個股市都處於上漲趨勢時，認為「或許還會繼續漲」的買家會陸續出現，幫忙吸收獲利了結的賣壓。

　　問題是，股票市場不可能永遠處於上漲趨勢，只要有風吹草動，破壞上漲趨勢，使得市場出現敗象，就會湧現獲利了結的賣壓，導致股價轉為暴跌的案例，也在所多有。

　　當股價處於重挫的狀態，大部分雪球小型股也不可能完全倖免於難。即便如此，根據我的經驗，股價很少一天下跌5%以上，所以大可不必隨市場起舞。

　　由此可知，無論是在日經平均股價指數不斷創新高的局面，還是反轉向下的趨勢，都能比較安心地持有中長期投資的雪球小型股。

S T E P 1

S T E P 2

S T E P 3

S T E P 4

TECHNIQUE

90/100

抓住股價上漲的機會

　　剛開始投資股票的時候，我喜歡投資已發行普通股數比較少的個股。這是因為只要有個風吹草動，這檔個股就會瞬間備受矚目，一舉成名天下知，但因為已發行普通股數比較少，會形成「有很多人想買，想賣的人卻很有限」的狀況。

　　一旦股票處於洛陽紙貴的「缺貨狀態」，股價就會一飛沖天，基於這麼單純的出發點，我把目標都放在已發行普通股數比較少的個股上。

　　也有很多已發行普通股數比較少的個股，因為企業進行股票分割，稀釋股價，提高流動性，但在我剛開始投資的 2003 年前後，從股票分割反映在股價上，到因為分割而增加的股票流通到市場上，往往有 1 至 2 個月的時間差。因此從企業宣布要分割股票，再到增加的股票開始在市場上流通的這段期間，股價急速上漲的案例屢見不鮮。稱為「股票分割行情」。

　　以我的持股為例，販賣商用不動產的希諾建集團宣布分割股票後，股價一口氣漲翻天，擴大了未實現獲利。

　　現在因為制度改變，股價會在分割股票的同時就進行調整，增加的股票也會同時在市場上流通，不再出現「股票分割行情」之類的狀況。即便如此，鎖定已發行普通股數比較少的個股，或經營團隊、員工持股的比例較高，在市場上流通的股數較有限的個股，看準「股票分割」→「洛陽紙貴、缺貨狀態」→「股價上漲」的流程來加以挑選，也很有意思。

　　對於感興趣的個股，各位可以將已發行普通股數的總數除以最小單位的 100 股，扣掉經營團隊及員工持股等出現在市場上可能性極低的股票數量，粗略地計算一下流通在市場上的股數。

STEP
1

STEP
2

STEP
3

STEP
4

COLUMN

靠雪球小型股賺 2 億的 交易之道③

　　2010 年，我剛從雷曼風暴滿血復活，還來不及喘口氣，2011 年 3 月，日本就發生 311 大地震與福島第一核電廠爐心熔毀的重大事故。

　　因為這起事故，我手邊的資產短短幾天就減少了 1000 萬日圓左右，幸好預期震災後需要重建，股市短期間就結束整理。在那之後，政權從民主黨移交到自由民主黨手上，2012 年 12 月開始了安倍經濟學行情。

　　剛開始投資股票的時候自不待言，面臨活力門事件、雷曼風暴、311 大地震等股價暴跌的局面之際，我僅剩的現金購買力都少得可憐。因為證券戶頭的資產全都砸在股票上。

　　如果不預留現金購買力，當股價下跌時，不僅會對手頭上的資產造成很大的打擊，也無法在股價大幅下跌時買進變得便宜的成長股。一再重複相同的失敗，最後我總算學乖了，學會在投資股票時，要隨時保留現金購買力。

　　也因此當安倍經濟學行情揭開序幕時，我得以順利地搭上上漲趨勢的大船，利用投資股票不斷獲利。結果我的股票資產在 2015 年突破 1 億日圓，提早在 2019 年達成 2 億日圓的目標。

　　2020 年以後，由於新冠疫情襲捲全球，大家都說日本國內的經濟會比雷曼風暴時更不景氣，但是在大規模的量化寬鬆與政府祭出各種財務政策的推波助瀾下，股票市場反而穩定地上漲。

　　根據過去的經驗，為了在股市暴跌時不要受到太大的打擊，我保留了充裕的現金購買力，以備將來股價下挫時可以隨時買進。在股票資產增加到超過 2 億日圓的情況下，小心不要大幅減損的同時，繼續果敢地往 3 億日圓、5 億日圓的股票資產邁進。

TECHNIQUE

91/100

投資股票的額外好處

不同於投資以賺價差獲利的股票，持有可以領取「股東贈品」的股票也別有一番樂趣。[7] 歐力士就是我為了獲得股東贈品而持有的個股。從 2015 年開始，我已經持有歐力士 6 年以上了。

歐力士的股東贈品名為「故鄉優待」。歐力士收集了該公司在日本各地的企業客戶生產、販賣的商品，做成禮品目錄，凡是在配股配息月（3 月底）持有 100 股以上，股東每年都能收到一次該型錄。

上購物網站搜尋禮品目錄裡的商品後，我發現當初的內容價值5000 日圓左右。持有 3 年之後，禮品目錄的內容還會增殖。

歐力士的殖利率也一直維持在 4 ～ 5%的高水準，所以我認為就算只有 100 股也不錯。以下是題外話，但在我的推薦下，家母也持有 100股歐力士的股票，每年都很期待股東贈品和配息。

除此之外，我過去為了領取股東贈品而持有的個股，還有 KONAKA

和 Saint Marc Holdings。

　　主要業務為販售男裝的 KONAKA，其股東贈品是優惠券，可以用便宜的價格製作上班族不可或缺的訂製西裝。主要經營咖啡店及餐廳的控股公司 Saint Marc Holdings，其股東贈品則是股東折扣卡，去該公司的旗下店面消費時，餐飲費用可以打 8 折。

　　為了領取股東贈品而購買的個股，股價具有「在確定可以獲得股東贈品的月份前上漲、確定可以獲得股東贈品後下跌」的趨勢。如果想賣出持股，不妨鎖定股價比較容易上漲的月份。

7　編註：此為日股特有之「股東優待制度」。

TECHNIQUE

如何迎戰通膨？
先換好外幣！

在已開發國家中，「錢太多」的狀況已經持續好長一段時間。為了重振因為新冠疫情跌到谷底的經濟，包括日本在內的已開發國家，紛紛祭出財務政策，導致「錢太多」的問題變得越來越嚴重。

錢太多的結果很容易引發通貨膨脹。通貨膨脹會降低貨幣價值、推升物價。錢太多的情況一旦超過安全水位，可能會引發比單純的通貨膨脹更危險的「惡性通貨膨脹」。

萬一日本發生惡性通貨膨脹，公司的業績會一口氣惡化，不樂見業績惡化的外資會開始拋售持股，導致日股暴跌。而我認為，那是買進雪球小型股的天賜良機。

通貨膨脹時，日圓匯率容易走跌，以日圓計價的資產會縮水。倘若以美元等外幣計價的資產還有現金購買力，換算成日圓，相當於整體購買力提升。對外資而言，日股暴跌、日圓弱勢，無疑是千載難逢的跳樓

大拍賣，他們大概會轉賣為買。如果手邊有以美元等外幣計價的資產，散戶投資人也能採取相同的投資行動。

即使股價因通貨膨脹暴跌，也能預期日股遲早會止跌回升。因為股票說穿了還是物品。假設日圓因為通貨膨脹貶值到只剩下一半的價值，只要企業本身價值沒變，原本 1 股 2,000 日圓的股票，就會漲到 4,000 日圓。

如同沒有任何預兆就開始天搖地動的地震，誰也無法預測什麼時候會發生多嚴重的通貨膨脹。如同為了預防災害，平常就要做好準備，為免惡性通貨膨脹發生時手足無措，也必須事先做好「屆時該採取什麼投資行動」的沙盤推演，確保以美元等外幣計價的資產保持現金購買力。

STEP 1

STEP 2

STEP 3

STEP 4

TECHNIQUE

93 / 100

大股東名單出現創投公司時，要提高警覺

在股票市場裡，有一句話叫作「上市即巔峰」。完成 IPO（首次公開發行）的個股，有的會在上市後創下最高價，此後的股價就一直在低點徘徊。等於是以上市為終點，所以用「上市即巔峰」來形容這些個股。

如果要選擇上市後人氣低迷，導致股價下跌的 IPO 個股來進行 IPO 二次投資，一定要避開「上市即巔峰」的個股。因此有幾個需要注意的重點。

散戶投資人投資 IPO 個股，是期待該企業以上市募集的資金為資本，加速業績成長。

但如果實質的老闆是創投公司或投資基金，為了回收資金而急著上市的話，通常都會出現「上市即巔峰」的現象。

各位不妨檢查企業的股東結構，如果發現大股東不是創投公司就是

投資基金，那就要特別注意。因為這些股票，通常就連 IPO 公開發行的價格都已經被刻意地炒高了。

另一方面，如果大股東主要是經營團隊和員工持股的話，大股東與散戶投資人的利害關係一致，都不希望股價下跌，所以「上市即巔峰」的風險應該比較低。

雖然無法斷定哪些產業會是「上市即巔峰」的個股，但是像生技、製藥概念股那種上市時已發行普通股數太多的個股，最好也別碰。

IPO 詢價圈會觀察投資人的需求，決定發行價格，因此具有已發行普通股數越少，股價越容易上漲；已發行普通股數越多，股價越不容易上漲的趨勢。如果是後者，跌破發行價的例子也不少。

STEP
1

STEP
2

STEP
3

STEP
4

TECHNIQUE
「限價單」與「市價單」
區別使用的重點

買賣股票的時候，可以選擇「限價單」或「市價單」，我不會固定只用一種，而是視情況分開來使用。限價單是指下單時指定買賣的價格，市價單則是下單時不指定買賣的價格。

停損時，我多半以「這個價格應該賣得掉」的水準下限價單。舉例來說，假設 1 股 3,000 日圓的個股出現利空消息，跌停板（漲跌幅的下限）為 2,300 日圓。這時若以 2,900 日圓下限價單，大約只跌了 3％，所以可能買不掉。但如果因此改下市價單，又擔心會成交在跌停價。這時我會在相當於跌 10％價位的 2,700 日圓左右下限價單。不過，如果想快點停損，下市價單會是相對安全的選擇。

那麼，買的時候該下限價單還是市價單呢？如果是限價單，若股價沒有跌到指定的價位就買不到，可能直到收盤，限價單都無法成交。如果是市價單，則會以下單時的最低委賣價格成交。

　　我建議各位投資人，只要記住以上的差異就行了，因為中長期投資買進股票時，下限價單或市價單其實沒什麼太大的差別。

　　這是因為，中長期投資鎖定的是漲到 30 ～ 100％（2 倍股）再停利，有些甚至能成長為 5 倍股、10 倍股。既然如此，無論是下限價單，以 1 股 1,000 圓買進；或是下市價單，以 1 股 1,030 圓買進，其實都在誤差的範圍內。如果想當天就穩穩買進自己一直想買的個股，就下市價單；如果非某個價位不買，就下限價單。

TECHNIQUE

95/100

員工人數少的企業，
風險較大

　　我在投資雪球小型股時，就結果而言，最終多半都選擇中小型股。一方面是因為中小型股發行的股數比較少，買賣也不熱絡。由於事業規模、營收規模都比較小，所以員工人數通常也不多。

　　不管是哪一種產業，如果要成為上市公司，就必須有專責營業、財務、人事、公關、資訊系統、法務等業務的部門。有些人或許會說員工人數較少就等於量少質精，聽起來似乎很美好，但如果某個關鍵人物因故離職，可能就會影響到企業的活動。

　　我以前也有過因為員工人數太少，而遲疑著要不要投資的個股。

　　例如在網路上接單、製造、提供印刷電路板的 P-Ban.Com，我曾經對該公司的成長性有所期待，研究過要不要投資，但是在我考慮要不要投資的 2020 年 6 月，當時員工人數只有 26 人。2016 年上市時甚至只有 17 人。我擔心萬一優秀的員工集體出走，事業可能會無以為繼，所

以沒有投資。

經營天氣預報網站的 ALiNK Internet，曾經出現我進行 IPO 二次投資的名單上，但是因為員工人數只有 12 人（2020 年 5 月），實在太少了，所以我還是沒有投資。

儘管我沒有規定自己員工人數未達幾人以上絕不投資，投資時也不曾視員工人數為絕對的判斷標準，但過去確實有過因為負責財務、會計的員工一起離職，而無法公布財報的企業。所以我建議各位，投資時檢查一下員工人數還是很重要。從證券戶頭的四季報資料，或各企業官方網站的投資人關係，都可以看到有幾個員工，也可以用「公司名稱」「員工人數」等關鍵字來搜尋。

TECHNIQUE

96/100

如何善用夜間交易？

日本的股票市場分成「前場」與「後場」，前場的交易時間為上午9點至11點半、後場的交易時間為下午12點半至3點。[8]

我主要用來買賣股票的 SBI 證券，在前場與後場以外的時間也能交易。其中我個人會利用下午4點半至晚上11點59分的夜間交易（除了 SBI 證券以外，部分其他券商也能進行夜間交易）。

日本企業為了抑制股價波動，多半都在後場收盤的下午3點以後才公布投資人關係。雖然收盤後才知道業績是向上修正還是向下修正，只要是夜間交易，就不用等到隔天前場開盤才能買賣。

夜間交易的瓶頸在於參加交易的人比較少，交投不夠熱絡，交易量過低。當個股出現意料之外的利空消息或利多消息時，股價的擺盪可能高於本來的需求。根據我過去的經驗，出現利空消息的個股，夜間交易的股價可能跌得更兇；出現利多消息的個股，夜間交易的股價則會漲得

更多。只要能掌握夜間交易的特徵，或許能用更便宜的價格買到想買的股票、用高於期待值的價格賣掉手中的持股。以下就讓我來舉一個例子跟各位說明。

善用夜間交易的話，就可以利用指定買賣價格的限價單，以漲跌幅限制的跌停價，買進後場收盤後才出現利空消息的個股，或早就想買的個股。假設個股的收盤價為 1 股 3,000 日圓，跌停板為 2,300 日圓。以限價單指定這個價位，如果有人在夜盤甩賣，或許就能買到。隔天如果不知道為什麼，以 2,800 日圓開盤的話，等於是買便宜了，做了一筆非常划算的交易。

萬一持股在後場收盤後才公布業績將大幅度向下修正，也可以趕在隔天股價以跌停板開出前，先利用夜間交易的限價單賣出停損。

8　編註：台股依交易時間，可分為普通交易與盤後交易。前者撮合成交時間為上午 9 點至下午 1 點半、委託時間為上午 8 點半至下午 1 點半；後者下單交易時間為下午 2 點至 2 點半、撮合成交時間為 2 點半。

TECHNIQUE

97
100

別投資經營加盟連鎖的
上市公司

　　在尋找雪球小型股時，如果用低本益比、高殖利率的條件去搜尋，會找到以經營加盟連鎖店（FC）為主力事業的企業。以下稱之為「加盟連鎖企業」。

　　加盟連鎖企業是指善用加盟總部開發的加盟體系及技術、商標、品牌等展開業務的企業，例如便利商店或餐飲業者皆屬此類。以下是日本主要的「上市公司」與其「經營品牌」。

ARIGATOU SERVICES	BOOK OFF、HARD OFF、摩斯漢堡
Hotman	黃帽汽車百貨、TSUTAYA
Econos	BOOK OFF、HARD OFF
CVS Bay Area	羅森便利商店
FUJITA CORPORATION	Mister Donut、摩斯漢堡、牛角

　　舉個加盟連鎖的例子。二手書連鎖店 BOOK OFF 在日本全國共有
795 家分店，其中 409 家分店為直營店、386 家分店為連鎖加盟店，幾
乎各占一半（2021 年 6 月統計）。

　　加盟連鎖企業無論企業本身經營得再好，還是有很大一部分會受到
加盟總部的經營方針及品牌的知名度左右。

　　日本共有 1,324 家加盟連鎖企業，營收為 26 兆 6480 億日圓，已經
連續 10 年都維持成長趨勢。

　　由此可見，加盟連鎖事業本身很穩定，但是受到疫情的影響，外食
產業受到相當大的打擊，再加上跳蚤市場 APP 普及，以 BOOK OFF 為
代表的二手業大受打擊。因此除非其所經營的加盟連鎖店能極有彈性地
因應環境變化，否則我不會投資加盟連鎖企業。

TECHNIQUE
98
/100

借券服務的缺點

「借券服務」是證券公司提供的服務之一。這項服務是把自己持有的股票借給證券公司，向證券公司領取「借券利息」。借券利息依個股而異，以 SBI 證券為例，經營醫療支援事業的新創企業 tella 最高，有 12.75%、以「IKINARI STEAK」打開知名度的胡椒餐飲服務公司也有 10%（2021 年 5 月底）。

利用借券服務時，股票的所有權人會變成證券公司，因此投資人會喪失本來應該可以收到股東贈品的權利，不過大部分的證券公司，都會在確定股東贈品權利歸屬那天，暫時把股票所有權還給申請借券服務的投資人，好讓散戶投資人能獲得股東贈品。

看來似乎是很理想的服務，但我從未利用過借券服務。因為借券服務在稅制上有一項缺點。

從借券服務得到的借券利息收入，在日本的稅制上屬於「雜項所

得」，要繳綜合所得稅。因此上班族報稅時除了薪資收入以外，還得再加上雜項所得。至於企業給的配股配息，如果是跟股東贈品一起發放，屬於股利收入，除此之外會先預扣所得稅，再由證券公司支付股利金額，因此也屬於雜項所得，必須繳納綜合所得稅。

申報綜合所得稅時，得以薪資所得與雜項所得加起來的金額，計算所得稅及住民稅。如果利用借券服務，可能要繳納比借券利息更多的所得稅，結果反而得不償失。

另外，倘若證券公司經營出現問題，利用借券服務的人，無法得到投資者保護基金的保障，可能得承擔比較大的風險。

TECHNIQUE 99/100

三種領取股利的方法

持股領取股利的方法，主要有以下三種。[9]

①拿股利領取證去郵局等窗口兌換（股利領取證方式）

②持股的現金股利全數匯入證券戶頭（按股數比例分配方式）

③持股的現金股利全數匯入指定金融機構存款帳戶（指定金融機構存款帳戶受領方式）

我剛開始投資股票的時候選擇過①的「股利領取證方式」。選它的理由是因為想以現金領取的方式感受股利的真實存在感，但很快就覺得麻煩而放棄了。

後來換成②的「按股數比例分配方式」，現在則是選擇③的「指定

金融機構存款帳戶受領方式」。等於把主要的受領方式全都經歷了一遍。

如果想盡量保有用於投資股票的閒置資金，選擇②「按股數比例分配方式」匯入證券戶頭再投資，是最正確的做法。這麼一來能享受到最大的複利效果。

我之所以從②「按股數比例分配方式」換成③「指定金融機構存款帳戶受領方式」，是因為想隨心所欲地運用利息收入。

獲利了結時賺到的價差就放在證券戶頭裡，保持再投資的資金與現金購買力。因此不管賺了再多的價差，也只有證券戶頭的資產餘額不斷增加，享受不到賺錢的快感。因此我讓現金股利匯入銀行帳戶，用來做為國內旅行等日常生活中的「小確幸資金」。如果要長期從事股票投資，我個人認為能得到這種小確幸也很重要。

9　編註：台股股利分為「現金股利」和「股票股利」，現金股利即是「股息」，是直接將盈餘以現金形式發放給股東，也就是所謂的「配息」或「除息」；股票股利則是以股票方式配給股東，又稱為「配股」或「除權」。

TECHNIQUE

靠股票實現 FIRE 後，為什麼要繼續工作？

我原本計畫一旦累積到 2 億日圓的股票資產，就要辭掉工作。但為什麼現在我已經達成目標了，卻選擇繼續上班呢？原因如下。

①少了薪水，將面臨不必要的壓力

一旦辭掉工作，沒有穩定的薪資收入，就必須靠投資股票賺到的資產來支應生活費。過去拜每個月都有薪水匯進戶頭所賜，我沒有這方面的壓力，可以自由自在地投資。一旦扯到生活費，或許就無法隨心所欲地運用資金了。

②除了玩股票，你有其他興趣嗎？

我平常上班很忙，只能利用空檔投資。即使辭掉工作，只要貫徹目前的投資手法，也不必多花時間投資股票。這麼一來，原本用來工作的時間可能會不曉得該怎麼打發才好。我除了投資股票以外也沒什麼特別的興趣，所以很可能會閒得發慌。

③辭職後，該如何因應通膨風險？

　　我現在 46 歲。40 歲的中年人辭去工作，如果沒有特殊的技能，大概很難找到薪資水準跟前一份工作差不多的工作。上班族的薪水通常會隨通貨膨脹增加，但股票資產就不一定了。

④靠股票達成財務自由，卻無法對親朋好友說出口？

　　如果在四、五十歲的年紀就提前退休，旁人會一直問：「今後要怎麼過日子？」「真的可以不用工作嗎？」這時能不能坦承相告：「別擔心，我靠投資股票累積的資產，就算不工作也能過日子！」就成了問題所在。若難以據實以報，不妨告訴他們：「我找到在家也能做的有趣工作了，接下來將成為自由工作者。」這也是個辦法。

STEP 1

STEP 2

STEP 3

STEP 4

AFTER

靠股票實現你的幸福人生

我很擅長投資雪球小型股，但是說穿了，我並沒有什麼稱得上是「○○投資法」的特殊投資手法。我和其他投資人的不同之處，只是懂得從投資股票中不斷記取失敗的教訓，一再鑽研，提升投資手法而已。

要靠投資股票累積到 2 億日圓的資產，除了一而再、再而三地改善投資股票的手法之外，別無他法。

我想上班族或家庭主婦（主夫）這些邊工作邊投資股票的人應該都能對本書介紹的投資法感同身受。

希望各位投資人都能將適合自己的投資觀點或投資手法內化成自己的東西，在運用的過程中加上自己的心得，打造出一套最適合自己的投資風格。

接下來才要開始投資的人、剛開始投資的人，起初可能都會白忙一場，甚至賠錢。不過這是所有靠投資股票賺錢的人的必經之路。請不要因此洩氣，也不要就此放棄，請務必堅持下去。

W O R D

　　不要因為一時的虧損就判斷「自己不適合投資股票」或「自己沒有投資股票的天分」，只要好好反省「下次不要再犯相同的錯誤」，運用在未來的投資即可。我就是這樣走過來的。

　　投資股票最重要的一點就在於不要退出市場，一定要堅持下去。從交易次數來算，我失敗的次數比成功還多。但是只要從失敗中記取教訓，持續改善，就能提升操作績效，有助於累積到龐大的資產。

　　未來將是無法靠退休金生活的時代，為了達成 FIRE（財務自由並提早退休）的人生目標，靠自己賺到退休後的資金，投資股票也是有效的手段。身為作者，我深切地盼望本書能為各位的人生設計圖貢獻一己之力。

　　非常感謝各位閱讀這本書！

個股

●股票（現股／特定存款）

股票代號	個股	持股數量	取得成本	現值	損益（金額）	損益（%）	估值
7199	Premium Group	7,000	1,113	3,740	18,389,000	236.03	26,180,000
7676	GOOD SPEED	5,000	1,093	2,421	6,640,000	121.50	12,105,000
7039	Bridge International	4,000	1,262	2,590	5,312,000	105.23	10,360,000
9029	HIGASHI TWENTY ONE	9,000	494	737	2,187,000	49.19	6,633,000
7091	Living Platform	1,500	2,865	3,910	1,567,500	36.47	5,865,000
1326	SPDR金ETF	115	14,169	18,550	503,815	30.92	2,133,250
8591	歐力士	100	1,644	1,924	28,000	17.03	192,400
8570	Aeon Financial Service	3,000	1,267	1,404	411,000	10.81	4,212,000
2983	Arr Planner	1,800	2,414	2,646	417,600	9.61	4,762,800
7453	良品計畫	2,000	2,170	2,177	14,000	0.32	4,354,000
7198	ARUHI	3,000	1,461	1,418	-129,000	-2.94	4,254,000
9145	BeingGroup	2,000	1,551	1,466	-170,000	-5.48	2,932,000
9551	Metawater	1,500	2,230	2,043	-280,500	-8.39	3,064,500
7362	T.S.I	2,000	2,100	1,912	-376,000	-8.95	3,824,000
3395	Saint Marc Holdings	100	2,432	1,584	-84,800	-34.87	158,400

未實現獲利（金額）	未實現獲利（%）	估值
34,429,615	60.83	91,030,350

232

基金

●基金（金額／特定存款）

基金名稱	數量	取得成本	現值	損益（金額）	損益(%)	估值
SBI-SBI.Ｖ.S&P500指數基金	370,509	13,630	15,508	69,581.59	13.78	574,585.35
RheosHifumi World +	290,360	13,949	15,019	31,068.52	7.67	436,091.68
SBI-EXE‐i全球中小型股票基金	80,754	22,290	22,641	2,834.46	1.57	182,835.13

企業型確定提撥制年金

●餘額、現値

年金資產現値		操作金額		預估損益
21,814,263円	－	10,223,868円	＝	11,590,395円

●操作績效

操作至今	最近一年
11.20%	16.13%

●資產別、分配率

- 0.2%
- 17.7%
- 45.7%
- 36.0%

■ 海外股票
□ 保證本金
■ 海外債券
■ 預備資金等

定期定額原物料商品

	目前的估值	目前的商品餘額
黃金	8,462,187円	1,214.95862g
白金	813,233円	197.29077g
合計	9,275,420円	

外幣計價ＭＭＦ（特定存款）

個股	持有金額(美元)	取得匯率(美元)	換成日圓的估值	換成日圓的損益
貝萊德Super Money Market Fund	143,153.82	109.49	15,795,592	122,740

國家圖書館出版品預行編目 (CIP) 資料

同事都不知道，我早就財務自由了：雪球小型股的
100 個投資致富法則 / 貳億貯男作 ; 賴惠鈴譯 . -- 初版 .
-- 臺北市 : 境好出版事業有限公司出版 : 采實文化事業
股份有限公司發行 , 2023.1
240 面 ; 17X23 公分 . -- (business ; 8)
譯自：割安成長株で 2 億円実践テクニック 100

ISBN 978-626-7087-76-3(平裝)

1.CST: 股票投資 2.CST: 投資技術 3.CST: 投資分析

563.53   111018193

Business B
08

同事都不知道，我早就財務自由了！
雪球小型股的 100 個投資致富法則

作　　　者｜貳億貯男
譯　　　者｜賴惠鈴
責任編輯｜鍾宜君
協力編輯｜李韻
封面設計｜FE 工作室
內文排版｜簡單瑛設

出　　　版｜境好出版事業有限公司
總編輯｜黃文慧
副總編輯｜鍾宜君
行銷企畫｜胡雯琳
地　　　址｜10491 台北市中山區復興北路 38 號 7F 之 2
粉絲團｜https://www.facebook.com/JinghaoBOOK
電子信箱｜JingHao@jinghaobook.com.tw
電　　　話｜(02)2516-6892
傳　　　真｜(02)2516-6891

發　　　行｜采實文化事業股份有限公司
地　　　址｜10457 台北市中山區南京東路二段 95 號 9 樓
電　　　話｜(02)2511-9798 傳真：(02)2571-3298
采實官網｜www.acmebook.com.tw
法律顧問｜第一國際法律事務所余淑杏律師
定　　　價｜380 元
初版一刷｜2022 年 12 月
Ｉ Ｓ Ｂ Ｎ｜978-626-7087-76-3
Ｅ Ｉ Ｓ Ｂ Ｎ｜978-626-7087-78-7（PDF）
Ｅ Ｉ Ｓ Ｂ Ｎ｜978-626-7087-77-0（EPUB）

WARIYASU SEICHOKABU DE 2 OKU-EN JISSENN TECHNIC 100
by Tameo Nioku Copyright © 2021 弌億貯男
Traditional Chinese translation copyright ©2022 by JingHao Publishing Co., Ltd
All rights reserved.
Original Japanese language edition published by Diamond, Inc.
Traditional Chinese translation rights arranged with Diamond, Inc.
through Keio Cultural Enterprise Co., Ltd., Taiwan.